JN106203

銀行マンの凄すぎる掟

クソ環境サバイバル術

本部課長
猫山課長
Nekoyama
Kacho

さくら舎

はじめに

はじめまして、猫山《ねこやま》課長と申します。私は金融機関に20年以上勤務する、現役の課長です。おそらくは、この本を手に取られたあなたと同じような、しがない会社員です。

私はインターネットのプラットフォームである「ｎｏｔｅ」で「凡人が自分の半径5メートルを変え、よりよい人生を送るための視点」をテーマに記事を2年ほど書きつづけています。

なぜｎｏｔｅで発信しようと思ったかといえば、いまの時代に会社員をやっていくのが本当につらいと感じたからです。そして、このつらさは自分だけのものではない。そう感じたからです。

たぶん、いまあなたもつらいと感じている。だからこの本を手に取られた。そうですね？

生きていくにはお金が必要です。凡人がお金を稼ぐには働くしかありません。そして、働くことはたいていの場合、苦行になってしまう。

とくに、金融機関の場合はそれが顕著だと思います。厳しいノルマ、厳格な管理体制、世間の目、上司からの叱責。私はほかの業種で働いたことはありませんが、これほど一貫して人間性を損なう機会がちりばめられている業種を知りません。金融機関は、人間性を維持したままでは少々困難な業種といえます。お金を扱う仕事とは、そういうものなのかもしれません。そうして、勤務する人間は心を麻痺させ、その世界観に染まっていくことになります。

しかしそれで、勤務する人間は幸せになれるのでしょうか？　自分の心を無視し、価値観、思考、行動、選択、それら人生を左右する基準を、会社の意向に染めあげて本当に幸せになれるのでしょうか？

金融機関は実際の規模とは関係なく、どの会社も組織としては巨大です。いくら個人が「こんなことはおかしい！　改革すべきだ！」と言ったところでほぼ変わりません。立ち回りにもよりますが、つぶされて終わりです。会社の意向に従って定年まで働きつづける。現場から見れば、それがもっとも合理的な選択であることに疑いはありません。

しかし、金銭面では会社に隷属することが合理的だったとしても、精神面でヘドロのような不満を日々生み出している状態が幸せであるとはとても思えません。いくら金銭的に不安のない状態であったとしても、自分の内側から腐臭がする状態で何十年も生きていきたいと思うでしょうか？

納得できる日々を生きたい。でも、現状を変えるだけの力はない。
ならば、自分が変化して、世界を見る目を変えよう、世界の見え方を変えよう。
そうすれば、このつらい毎日も違って見えるはずだ。

私は、そんな結論にたどりつきました。つまりこれが「自分の半径5メートルを変える」ということです。

これでは現状を変えるとはいえず、屁理屈かもしれません。でも、誰にでもできる手法ではあります。そう、この本を手に取ってくださったあなたにも。

私はこの本で、たとえ金融機関に勤めている人でも、「自分の捉え方で、世界はいくらでも変わる」ということを示したいと思います。それは、ふつうの人であるあなたにだって可能なはずです。

私はしがない会社員です。きっと、私とこの本をいま読んでくださっているあなたを包む環境や境遇は、とてもよく似ているはずです。であれば、我々は同志です。

我々は、もっと気持ちのいい世界に生きていい。もっと世界を美しいと感じてもいい。その権利はあるのです。

そんなふうに生きるためには、現状を変える必要があるでしょう。ですが、現状は巨大な要塞みたいなものです。個人の力では残念ながら簡単に変えることは不可能です。しかし、あなたが世界を知覚するのは、あなたの身体と心を通して行われるはずです。ならば、あなたが変化すれば、世界はそのままでも、世界が変わったのと同じ効果が得られるはずです。

世界を変えるのではなく、まずはあなたの「半径5メートル」の見方を変える。

そのための視点を、この本に詰めこみました。

同志よ。どうか、あなたの世界が美しくなりますように。

2023年9月

猫山課長

目次 銀行マンの凄すぎる掟――クソ環境サバイバル術

第1章 逃げる？ 流す？ 闘う？
会社に巣くうモンスターへの対処法

第2章　脱マンネリ！

予定調和の日々をくつがえす法

第3章 光はそこに！ クソ環境から自分の人生を取り戻せ

銀行マンの凄すぎる掟

――クソ環境サバイバル術

第1章

逃げる? 流す? 闘う?

会社に巣くうモンスターへの対処法

パワハラ人間《モンスター》

会社の威を借る愚か者の言うことは気にするだけ無駄！

時代遅れのパワハラ人間

「給料泥棒！」「親の顔が見てみたいわ！」「こんなんで明日を迎えられると思ってるの？」

これを聞いて、パワハラと思わない人は少ないでしょう。

近年はハラスメントに対して会社は大変厳しくなりました。私の会社でも年に1回は社員を集めてハラスメントについての研修を受けなければならないなど、昔と比べるとずいぶん変わったなと思います。それでも、どの会社でもいまだにパワハラまがいの行為が散見されるのではないでしょうか。いままさに、パワハラを受けているという方もいらっしゃるかもしれません。

私の会社にも、パワハラが原因で会社を辞めた先輩がいました。いっしょに仕事をしたことはないのですが、飲み会などで話したりすると非常に温和でほがらかな印象のある人物でした。

ただ、仕事ができるとの評判はありませんでした。というか、できないほうだったのかもしれません。もしかしたら、もうこれ以上は出世できないと本人はあきらめていたのかもしれない。

誰もが、できることとできないことがあります。でも、それを許容しない人がいます。**できないことを責め、給料泥棒となじり、徹底的に攻撃するパワハラ人間《モンスター》です。**人前での罵《ば》倒《とう》も平気でやります。叱られたほうの面子《メンツ》などおかまいなし。もしかしたら適性が違う仕事をさせられていたり、その人の能力以上の仕事をさせられているのかもしれないのに、そんなことは関係ないとばかりに攻撃する。

いったいなぜ、そんな人間が生まれてしまうのでしょうか。

彼らが自分の子どもに、そんな人格を破壊するような言葉や、人生を否定するような言葉を言えるとは思えません。では**なぜ、仕事では異常に攻撃的になり、相手を退職に追いこむまで責めつづけられるのか。**

それはずばり、「仕事だから」です。

「仕事」がすべての暴力の免罪符となる

不思議なことに、人は「仕事」という前提を置かれると、何でもできてしまいます。

金融機関などは最たる例で、仕事と割り切れば何でもやれてしまいます。たとえば、企業への融資を止めて回収に向かう行為はその典型です。そうすればその会社は倒産し、社長や従業員、果てはその家族が路頭に迷い、もしかしたら自死する可能性があるとわかっていても断行します。

その汚れ仕事の見返りが十分あればまだわかります。しかし、それは通常業務であり特段の見返りなどないのに、やれてしまうのです。

回収は金融機関にとって重要な業務であり、私情を挟むのはおかしい。あなたはそう考えるかもしれません。それが仕事だと。実際みんなやっていると。

では、その回収業務をプライベートでやりますか？

やるわけがありません。仕事だからやっているのです。やれているのです。仕事であれば何でもやれるというのは、そういうことです。

パワハラ人間は「仕事のできない人」を攻撃するのも仕事のうちだと思っています。そして相手が退職したあとにパワハラを調査されると、必ずこう言うのです。

「私は自分の職務を遂行しただけです。なんら後ろめたいことはない」

会社のため。ひいては会社の総意であり、私の判断ではない。だから、私に責任はない。

たしかに生きていくためには仕事をするしかありません。これは逃れられない事実です。しかし、そのために**自分の価値観や信条まですべてを捧げるのは、アイデンティティの徹底的な放棄といえます。**すべてを捧げてしまえば、1日の3分の1は「自分の人生」ではなく、「会社の人生」を生きることになります。それでは何のために生まれてきたのかわかりません。

そして会社にすべてを捧げてしまえば、その人が人でなくなるだけでなく、ほかの社員を人として見なくなります。

「俺は会社のためなら何でもやる。だからお前も同じようにすべきだ。それが会社の総意だ」と、そういう思考になります。そうでなければ、会社にすべてを捧げた自分の人生が無意味になってしまうからです。

「心を鬼にして、アイデンティティを捨ててまで会社のために人を追いつめてきたのに、それが間違いだなんていまさら認められるわけがない。そうであってはいけない。もっと会社のために振る舞わなければならない」

こうして、パワハラ人間は誕生します。

あなたの人生の中心は、会社ではなくあなた自身

もしいまあなたが上司であるならば、パワハラ人間にならないように注意しなければなりま

せん。まずは当然、会社の方針に従うべきです。そのうえで、人として真っ当に部下や会社と向きあうことを意識しましょう。**盲目的に会社に追従するのではなく、迷いあがき悶えながら、人としての一線を越えることなく、人間らしく勤められるよう精進していくのです。**

たとえば、役員などの上役の指示が人間として間違っており、とても受け入れられないと感じたとき。「それは私のガイドラインとは違いますので拒否しますね」と言い放つのは、極めて難しいことです。何しろ自分や家族の生活がかかっていますから。それでも、その指示が短期的、あるいは長期的に会社のためにならないということを伝えるべきです。

部下に対して浴びせた言葉を、自分の大切な人にも言えるのか？　とても言えないと思ったのなら、それは言うべきではない言葉なのです。

相手は気分を害し、あなたを敵視するかもしれません。そうなる前に、簡単には敵視できない存在であるよう、常日頃から意識し努力することが大切です（↓65ページ）。当然、発言力を担保するだけの実績も上げる。「人間らしく勤められるよう精進する」とはそういうことです。

もしあなたがいまパワハラを受けていたら、あるいはそれを身近に目撃していたら、どうするか。

会社に自分のアイデンティティを丸投げするパワハラ人間は、会社に強く依存しています。それは、会社にしかすがるものがないと言っているに等しい。そんな人の言うことを聞く必要はまったくありません。**たいていの場合、そういう人は、その会社の中だけでしか通用しない価値観で責めていたりするものです。だから気にしない。これに尽きる。**

あなたの人生は、あなたのものです。会社に捧げていいものではありません。どうせ、退職したら勤務中の忠心など一瞬で無価値になります。それがわかっているのに人生を捧げるなど愚かでしかありません。

仕事だろうがプライベートだろうが、他人を追いつめていいわけがありません。他人から追いつめられていいわけがありません。

仕事上のミス？　そんなものはっきり言ってどうでもいい。夜が明けなくなるわけじゃない。苦情？　たいていただのいちゃもんだ。そこらへんに落ちている空き缶より価値がない。

そんなこと、どうでもいいのです。そんなことで退職するほど、人を苦しめるべきではないし、また人は苦しめられるべきではないのです。

気持ちよく生きましょう。今日も明日も、何年後でも。

武勇伝語り人間《モンスター》

武勇伝＝哀れむべき失敗談！　参考にもならない

ひとり勝ちは、ビジネスとしてはNG

ビジネスにおいて、困難な交渉で勝利したことを武勇伝として誇る人がいます。

私が出会ったなかにも、かなり懸念のある融資案件を審査部門にぶつけて、根回しやら上からの圧力やらを使ってゴリ押しで通す人がいます。そして「俺はこんな難しい案件の決裁を戦って勝ちとった！」と誇るのです。そんな人を見ると「すごいな！」と感心し、「それに比べて自分は……」と落ちこんでしまったり……。

みなさんのなかにも、**そんな武勇伝語り人間《モンスター》**に心を削られたことがある方がいらっしゃるのではないでしょうか。

でもこの武勇伝って、かなりどうかと思う行為です。だって、その勝利の背後にゴリ押しを受けて無念な思いをした人がいるのですから。

ビジネスは、勝者がいれば必ず敗者がいるわけではありません。むしろ、基本的にＷｉｎ－Ｗｉｎを目指すのがルールです。白黒ハッキリ勝者と敗者という関係性では、相手と協力関係など築けません。ですので、交渉の際に最初に選択されるべきは「円満に収める」のはずです。

しかし会社で目立つのは、相手が敗北し、自分が勝者となった武勇伝語り人間です。

こういう人間は、ビジネスではあたりまえの「Ｗｉｎ－Ｗｉｎ」にできなかったことを恥じる頭すらなく、自分のことしか考えていません。ですからそんな人と自分を比べて、ヘコむ必要はありません。

「そうは言っても仕事において期待されている成果がある以上、少々荒っぽくても結果を出せたほうがいいのでは？」

もしかしたらそう思われる方もいるかもしれません。大丈夫です。私も交渉ごとは得意ではありませんが、これまでそれなりの実績を上げてきました。せっかくなので、私なりの交渉術を書いてみます。

「交渉は勝負」という概念を捨てる

私は言い合いが苦手です。なぜなら勝てないからです。ですから仕事を始めた頃は「自分は営業には向いていないのかも？」と悩む日々でした。

たとえば、もし交渉相手が「それはAじゃなくてBなんじゃないですか？」と言ってきた場合、こんなふうに考えてしまいます。

〈こっちはAだと主張しているのにBだと言っている。なんでだ？　こっちのプレゼンが弱かったか？　相手はBに対して譲れない何かがあるのかもしれない。もしかしてこっちのBへの考察が不足していた？　というかこの人への想像とか配慮とかが不足していたか？　そう考えるとこの人の心境に配慮してあげたほうがとりあえずはいいのかもしれない。なにせ絶対の答えなんてないわけだから、この人の意見が正しいってことも十分ある。反論してAを押し通す意味はあるか？　うーん、なんだか薄い気がしてきた。準備してきたけどやっぱ絶対はないんだよなあ……〉

相手には、相手の言い分がある。しかしそれを尊重してばかりでは交渉ができません。自分のノルマだってクリアできなくなります。

そこでなぜ相手の言い分を尊重したいのかと掘り下げてみると、「相手に不快な思いをさせたくない」という思いが強いことに気がつきました。交渉において、基本的に自分の意見が受け入れられないことは不快なことです。私はこの、相手の「不快サイン」を見るのが本当に苦手なのです。では、どうするか？　答えはシンプルです。衝突しなければいいのです。**すべてが当然のごとく流れる状況をつくり出し、その流れの中で交渉する。**それが交渉に闘志を燃やせない私が編み出したやり方です。

そのためには、**交渉ではなくそこに至るまでの布石が重要**になります。

何をするかというと、相手に対して「こいつの言うことは間違いなさそうだ」「まともな人だ」との印象を刷りこむのです。念入りに刷りこんでおけば、いざ交渉になっても反論が出る確率は減少します。

「間違いのない人間」を演出する

相手からの信頼を得るには、常日頃ふたつのことを意識しておく必要があります。

第一に「頭がいい」と思わせることです。業界の知識はもちろん、時事や政治などのトークもできたほうがいい。「こいつはものをわかっているな」と思わせたらＯＫです。当然、求められている専門家としての知識は必要です。それは言うまでもないことですね。

第二に「身なり・所作」も重要です。身なりを整えておくことは、相手に対する誠意の表れです。自分と面談するために、ちゃんとした身なりで来てくれた。その事実は相手にとってうれしいものです。たとえばデートにおいて、相手がテキトーな格好で来た場合に感じることは

「自分はどうでもいい人なんだな」でしょう。それと同じです。

　所作も同様です。ドタドタとうるさく歩く、乱暴にドアを開け閉めする、場にふさわしくない音量で話すなど、行動すべてが荒っぽく、また無遠慮な人は信頼を失います。安心して付き合えないと感じるからです。

　これらができていれば「まともな人」と判断されます。

　そして、「まともな人」の話は、簡単には反論されません。なぜなら人は、自分が「まともな人だ」と断定した人からの意見に反論することは、自分の判断を裏切っているように感じるからです。


交渉では、提案内容を精査・吟味することに加え、このように誠意と敬意をもって（戦略的に）積み重ねた日々が、モノを言うのです。


　私は反論に対して即切り返しができない営業マンでしたが、こんなふうに交渉に至るまでの平凡な日々を丁寧かつ注意深く過ごしてきました。

　まれにミスや粗相をしても、顧客からは「猫山さんでもそんなことがあるんですね」と言われただけでした。自分がどのようなイメージを相手に刷りこんでいるかがよくわかる瞬間です。

　そういった積み重ねのおかげで、重大な交渉はほとんどが円滑に過ぎていったと感じています。つねに来るべき時を意識して自分を研ぎ澄まし、相手への敬意を欠かさない。誠意をもって過ごす日々の積み重ねが、衝突のないＷＩＮ－ＷＩＮのビジネスを生むのです。

派手な仕事をした人のメソッドを鵜呑みにしてはいけません。**武勇伝を語る人の話は適当に流しましょう。あなたが傾聴すべきは、地味なれど安定した成果を上げている人物の話。**ドラマチックな要素が何もなくサラッと流れていくから目立たないし、あまりに円滑に流れていくので苦労をしていないようにさえ見えるかもしれない人物のやり方を観察しましょう。そういう人は裏で、長い時間をかけて信用を積み重ねている可能性が高いのです。交渉はあくまでも最後の一部分でしかありません。

本当に価値ある仕事を、誤認してはいけないのです。

肩書き至上人間《モンスター》

肩書きのすごさと自分のすごさを混同するカン違い野郎

人は「中の人」ではなく「肩書き」に対して敬意を表する

「支店長というのは地域から本当に尊敬されている。どの会合や宴席に出ても高い席に案内される。それが金融機関の支店長のすごさだ」

とある日のミーティングでの上司の発言です。金融機関は日本においてかなり古い体質の業界ですので無理もないのですが、ちょっとクラっときてしまいました。「会社における肩書き＝自分の価値」だとするカン違い人間は、きっとあなたのまわりにもいるでしょう。

私は本部の課長職ですが、その前は営業店の支店長をしていました。

支店長になると、地域の会合や取引先の宴席に招待されることがあります。外交は支店長の重要な仕事です。たしかに、そういう席ですといわゆる「上座」に通されます。金融機関の支店長クラスが低い席に案内されることはまずありません。

あまりキレイな話ではありませんが、世の中はお金です。お金がなければ何もできないというのは動かしがたい事実であり、お金を司る金融機関に対して特別な扱いをすることは合理的な話です。よって、金融機関のエライ人となるとどこへ行ってもそれなりの扱いを受けることになります。

そこで私がつねに感じていたのは、支店長の立場の気持ち悪さでした。顧客からのお愛想、歓待、手土産。何ひとつうれしいとは感じられません。

融資先の社長から「どうしても一席設けさせてくれ」と強硬にお願いされ、仕方なくお受けして会場に入ってみると、その社長が正座して待っており、私は上座へ通されたということがありました。その社長は当然年上です。私よりもはるかに能力のある方です。そんな人物が正座をして出迎え、下座に座っているのです。

「この空間は異様である。自分の理解の範囲内にない。これに慣れると絶対にダメになる」

そう感じました。

パワーバランスによる立場の上下はビジネスでは当然であり、もし自分が逆の立場であっても同じことをしたと思います。しかし、感情としてはどうしても受け入れられませんでした。

何が言いたいかというと、**外部の人は「金融機関のエライ人」という肩書きに対して、敬意を表しているだけなのです。肩書きをぶら下げている「中の人」に対してでは決してない。**ですから、人事異動で支店長が変わっても、新たな支店長に対しての外部の方の振る舞いは変わりません。関係者は肩書きを重要視しているのですから当然そうなります。

そんなことは誰でもわかることです。しかし、冒頭の上司は「中の人」に強く紐づいているわけでもない、ただ一時的に借りているにすぎない支店長という肩書きに心酔し、「すごい」と臆面もなく語っていました。おぞましいものです。あなたは、そんな**肩書き至上人間**《モンスター》になってはいけません。

肩書きは「それに見合う自分」の指標とせよ

以前、若手に「出世したいか？」と聞いたことがあります。私より5～7歳くらい離れた連中で、当時は30歳前後でしたが答えは明確でした。

「出世したくありません。したいと思えない」

彼らにとって、出世は何の魅力もないどころか、できれば回避したい悲劇のようでした。若い世代はもう、上司に憧れを抱かないのかもしれません。

彼らにとっての身近な成功者というのは、インターネットの中の有名人でしょう。ネットの有名人は、「自分」にがっちりと紐づいた評価をもっており、誰かから貸与された肩書きで輝いているわけではありません。ネットは、自身の存在と評判とが一体となった人々しかいない世界です。その世界に日々触れている若者にとって、実力と関係なく年功序列で出世して、会社から貸与された肩書きを至上のものとするオールド世代はとてつもなくダサく見える……というよりは「いったい何をありがたがっているのか全然わからない」というほうが近いでしょう。肩書きは、退職したら無価値になってしまうのですからなおさらです。

ただし、**肩書きは会社員が生きるうえではとても有効**です。なぜなら所得増につながるからです。肩書きを無意味と軽視するのは勝手ですが、給料を上げたければ出世するのがいちばんです。そして肩書きがつくということは、責任も増加するということです。肩書きに見合うように自分を磨きあげていく姿勢は、あなたの人生を間違いなく豊かにします。肩書きを成長するための機会として用いることは、とても有益なことなのです。

出世による果実は積極的に得るべきではあるが、「肩書きの価値＝自分の価値」と錯覚してはいけない。このバランスを取ることがとても重要なのです。

自分自身に紐づく価値を身につけていく

老後が長くなった現代において、「会社での肩書きなどただの一過性のものだ」と早くから認識すべきです。そして、**つねに自分自身に紐づいた評判を得るためのアクションを起こしていくことが必要**です。ネット世界の有名人のように、自分と評判が一体となった「何か」をつくりあげていく必要があります。

「あなたは何ができますか？」と聞かれたときに「課長ができます」ではなく、**自分のキャリアに見合った、定量的に示すことができるものを育てていくべき**でしょう。たとえば「新規法人開拓を年間平均○○件行ってきた」「補助金申請支援を○○件行い、採択率は○○％」などです。それは小さな一歩からでかまいません。ただし、しつこく継続することが必須です。

もし20代から始めたら、30年は積みあげができることになります。それはとてつもない厚みになるでしょう。大きなリスクを取る必要はありません。あなたが会社員であるならば、会社員として出世して、会社の中で成長することが第一です。

しかし、会社員としてのあなたの価値は、肩書きがなくなったり、退職したりするとゼロになります。そんなものに人生の全部を投下するわけにはいきません。**会社員としての自分、自分としての自分。どちらの価値も上げていくしたたかな両面戦略が重要**なのです。

おそらくですが、「自分としての自分」のわずかな成長は、あなたを大きく勇気づけるでしょう。それは自信となり、会社員としての自分の成功にも結びついていくはずです。

肩書きによらず、自分自身に紐づく価値を探索し、トライしつづけましょう。

間違っても、肩書きをもつ自分のすごさを熱弁するカン違い人間だけにはならないようご注意を。

不機嫌人間《モンスター》

かまってちゃんにはテキトーなあいづちでOK

不機嫌による利益の獲得

会社、楽しいですか？　仕事でなく人間関係が。

楽しい！　という方もいらっしゃると思いますが、それが一握りであることは、私の会社やSNSなどを見ればすぐにわかります。「もし3億円の宝くじが当たったら、いまの会社に勤め続けますか？」と聞かれたとき、あなたはどう答えるでしょう。迷わず「続ける」と答える人は少数なのではないでしょうか。基本的に、職場って雰囲気が悪いものです。

雰囲気を悪くする原因としては、不機嫌な人の存在があります。

不機嫌というのは、あなたにも必ず起こりうる感情の波です。嫌なことやつらいことがあるとき、また精神的だけでなく身体的につらいときも不機嫌になります。すると、とにかくイライラしがちになりますし、まわりに当たるなどしてスッキリしようとする人までいます。

ですがふつうの人は、不機嫌になっても、それが恒常的であることはまれでしょう。人はそんなに不機嫌でいられるほど「安定してひどい状態」でありつづけることはできません。必ず波があります。

一方で、いつも不機嫌な人がいます。他人に対してつねに当たりが強く、ぷりぷりと怒っている。よくもそこまで不機嫌でいられるなあと感心してしまう人、いますよね？

私の会社にも不機嫌な人がいます。その方は入社当時からまわりへの当たりが強く、早い段階で「困った人」認定されていました。人事としても悩みの種で、どの支店に配属しても100％の確率で苦情となってしまうのです。

人はそんなに不機嫌なままではいられない。でも、いつも不機嫌そうな人がいる。となると、不機嫌には何がしかのメリットがあると考えなければ説明がつきません。

それはずばり、「配慮」だと思います。**不機嫌な人は不機嫌であることによって、「まわりの人から配慮されるという利益」を獲得している**のです。

通常、集団の中で特別に配慮されるといった扱いを受けるのは簡単なことではありません。それにはそれなりの功績や貢献が必要で、そのためには多大な労力や忍耐が必要となるでしょう。

一方で、不機嫌であることのコストは極めて少ない。だって不機嫌なフリをしていればいいだけですから。

不機嫌によってまわりからの配慮が得られた経験は、麻薬のように人を蝕《むしば》みます。いつも不機嫌にしていれば特別扱いしてくれるわけですから、やめられるわけがない。結局のところ、不機嫌人間《モンスター》は「かまってちゃん」なのです。

「不機嫌なほうが利がある」いまのクソ組織

あたりまえの話ですが、基本的に人は不機嫌な人間からは距離を取ります。近くにいると何か危害を加えてくるのではないかと本能的に察するからです。

ですので、会社の中で不機嫌人間は徹底的に避けられます。その結果、その人はほとんどのグループから外されることになり、業務以外の関係性はなくなってしまいます。これは少々生きづらくなるように思います。

それにもかかわらず、不機嫌人間が「不機嫌戦略」を採用しているのはなぜでしょう。それは、**年功序列と終身雇用を前提とした組織にいることで利益を得られている**からです。

日本の雇用は終身雇用を前提としており、労働契約法第16条の「解雇権濫用の法理」により、会社は不機嫌というくらいの要素では従業員をクビにできません。また上司としては、不機嫌人間につらく当たればパワハラだと告発されかねません。つまりなんとか不機嫌を改善してもらいたくて下手に出ざるを得ない。

結果的にそれは不機嫌人間の思うつぼとなり、その人はのうのうと年功序列制度によって毎年利を得ることになります。そして不機嫌人間は特別扱いを引き出すことに成功したことで、不機嫌戦略の正しさをますます強化してしまうのです。

しかし、不機嫌戦略で利益を享受できる時代は終わりを告げようとしています。終身雇用はあと数年で骨抜きの概念となるでしょうから。**実力に応じて給料や出世が決まるようになれば、全体のパフォーマンスを下げる害悪でしかない不機嫌人間は即刻排斥の対象となる可能性が高いのです。彼らの天下はいまのクソ組織が終わるときにいっしょに終わる**でしょう。

ちなみに、先に話した私の職場の不機嫌な人は、最終的に本部へ転勤となりました。この人は役付きではありましたが、部下はひとりもつけてもらえませんでした。単独でする仕事しか与えられなくなってしまったのです。

いまのクソ組織では、それ以外の策を打てないということです。

時代が変わるまでは、受け流してあしらえ

　では我々は、不機嫌人間にどう対処すればいいのか。あなたのまわりの不機嫌人間は、おそらく変わることはないでしょう。不機嫌人間は特別扱いされたい欲求から不機嫌を選択しています。みんなから配慮を得るのが目的ですから、**表面的な同意を示し、受け流しておくのがベストです。**そこにいちいち目くじらを立てたり神経をすり減らしたりするなんて、あなたの労力がもったいない。テキトーなあいづちでいいようにさせておけばいいのです。

　もしかするとより不機嫌になるかもしれませんが、どちらにしても不機嫌なわけですから、結果は同じです。みんなから愛想を尽かされて、孤立し去っていくのを待ちましょう。時代が変われば、あなたの目にも入らなくなるような存在になります。

　自分も不機嫌人間かもしれないという方。あなたはもう、そこから卒業しなければなりません。**関係をもつことができた人たち全員と連携するつもりで、誠意と笑顔を振りまきましょう。**それが、不機嫌戦略よりもよっぽど有効で、クレバーな生存戦略です。その積み重ねは、必ずあなたを助けます。人は、自分を尊重してくれる人、そして自分へ笑顔を向ける人とつながっていたいと願います。そのつながりこそが、あなたの人生にとって大きな資産となるのです。

それを考えると、不機嫌人間のおかげで、我々の笑顔は極限まで引き立ちますから、この人たちももしかしたら、いてくれたほうがいいのかもしれませんね。

ゴマすり人間《モンスター》

ゴマすりは営業力を磨くと思って割り切れ

ゴマすり人間はなぜはびこるのか

会社組織において忌み嫌われる性質は多数ありますが、「ゴマすり人間《モンスター》」は嫌われ度トップ3に入るのではないでしょうか。

上司をおだて、褒めまくり、心にもない言葉の羅列で相手を喜ばせ、その対価として人事的評価や仕事上での配慮を受け取る。ゴマすりをシンプルに言えばそうなります。

「課長！　昨日のゴルフ最高でしたね！　5番ホールのアプローチショットのベタピン、シビレました！」とか「部長の昨日の朝礼、感動しました。身が引き締まる思いでした。部長の下で働けて本当に私は恵まれています」とか「専務のお子さん、○○大学に進学されたのですね。頭のよさは遺伝がいちばん大きい要素らしいですから、やっぱり！　と思いました！」とかね。

言葉だけで相手に取り入り、まわりと比較して超過利潤を狙う。我々はこれをよきものとして捉えることができません。どちらかといえば不労所得に近い、何もせずして利益を得るような、いわゆるアンフェアな手法として忌避する傾向にあります。

であるにもかかわらず、露骨なゴマすり人間がそれなりの利益を受けていることが、我々をよけいにいらだたせます。なぜアンフェアな手法を使うゴマすり人間が一定の評価を得てはびこるのか。

ここは自分の感情にいったんフタをし、ゴマすりの手順を掘り下げることにより、その理由を考えてみましょう。

ゴマすりには営業スキルが必須

ゴマすりの手順は、大まかに言って①〜③のとおりです。

①相手の性格・好み・ライフステージを調査する

当然ながら、まずは相手を知ることから始まります。

どのような性格で、どのようなものを選好し、どのようなものが嫌いなのか。結婚しているのか独身か、子どもはいるか否か、裕福か否か、触れてはならない「地雷」の話題はあるのか、出身地はどこか、出身大学はどこか、ゴルフはやるのか、ひいきの政党はどこか、信条は保守かリベラルか、下ネタはいけるか……などなど。

相手を把握しないことには有効にゴマをすることはできません。まずはリサーチ。基本です。

②相手に提供するモノ・サービスを検討する

相手のリサーチが終わったら、次はどのようなモノ・サービスを提供するか検討しなければなりません。

●「すごいですぅ～」や「驚きましたぁ～」のようにシンプルな「**言葉系**」
●引っ越しや大掃除の手伝い、ゴルフの送迎など、肉体労働をともなう「**実働系**」
●「地元が米どころでして、お酒がおいしいので1本どうぞ……」「いつもご迷惑をおかけしてますんで、ほんの気持ちのお中元で……」などの「**実弾系**」

これらのうちの何を、相手にあわせて放りこんでいくかが重要になります。

③最適なタイミングで提供する

何を提供するかを決めたら、あとは提供する機会を計る必要があります。

上司が大きな功績を上げたときや昇進したときはビッグチャンスでしょう。ストレートに賞賛の言葉を浴びせて、お祝いの席を用意し、さらに実弾をブチこむのもいいかもしれません。

①〜③の手順を踏んだうえで、たとえば、上司が昇進したときのゴマすりはこうなります。

「この度のご昇進、本当におめでとうございます！ 私もうれしいです！ しかし、役員もわかってないですよね。遅すぎだと、もっと早くすべきだとみんな裏で言っていましたよ。古い人間には課長……失礼しました！ 『部長』の真の価値などわからんのです。これから部長は忙しくなりますね！ 社を刷新してください！ あ、これほんの、本当にほんの気持ちですけど、お祝いの気持ちと社に対する将来の希望というか光？ を感じさせていただいたお礼にどうしてもお受け取りいただきたいのです。（上司の好きなものを渡しつつ）不必要でしたら処分してもらってかまわないので、どうか……」

こうやって書きつらねると、まともにゴマをするのはなかなか骨が折れますね。

そして、ここまで読んでいただき感じておられると思いますが、これらは営業そのものです。**つまり言ってしまえば、ゴマすりは「社内営業」です。**他者から好意を得る点において、上司と顧客の間に差はありません。社内営業ができる人材は、通常業務の営業もできることを証明

しているのです。

上司がゴマすり人間を評価するワケ

露骨なゴマすりが効果を発揮する場を見ると、げんなりしますね。それにしてもなぜ、上司はおべんちゃらのかたまりのようなゴマすりを受け入れ、評価するのでしょうか。上司は（おそらく）アホではありませんから、単に気分をよくしてくれるから評価しているのではありません。そこにはもっと深い理由があります。

それはつまり、**「上司はゴマすりをとおして部下の営業能力を査定している」**ということです。

具体的に、先ほどの例を上司サイドから見てみましょう。

「この度のご昇進、本当におめでとうございます！　私もうれしいです！」
上司：ありがと（真っ先に祝いに来た。フットワークがいいな。大切なことだ）
「しかし、役員もわかってないですよね。遅すぎだと、もっと早くすべきだとみんな裏で言っていましたよ」
上司：あっそう（自分だけではなく多数の支持があることをにおわせるのはトークとして悪くない。ただの賞賛より効果的だ。考えている）
「古い人間には課長……失礼しました！『部長』の真の価値などわからんのです。これから部長は忙しくなりますね！　社を刷新してください！」
上司：そうね（相手の若さを意識させる言葉の選び方、なかなかこっちの性格を把握してぶつけてきてるな。対象を観察できている）
「あ、これほんの、本当にほんの気持ちですけど、お祝いの気持ちと社に対する将来の希望というか光？　を感じさせていただいたお礼にどうしてもお受け取りいただきたいのです。不必要でしたら処分してもらってかまわないので、どうか……」

上司：イラネ（俺の好きな銘柄の酒。この話をしたのは2回くらい？　ちゃんと記憶して活用してきた。ここまで配慮できるなら上客をあてがっても問題はないな……）

いかがでしょうか。にわかには信じられないかもしれませんが、「できる上司」はここまで考えています。乱暴な言い方になりますが、**「身近な社内の人間にゴマすりすらできないヤツはビジネスマンとして無能」**なのです。

同じ会社に勤務し十分に相手を理解することができる環境の中で、社のメンバーに対して気の利いた言動ができない人材が、より情報が限られる顧客企業に対して有効な営業活動ができるわけがありません。ましてや重要な顧客や仕事など任せられるわけがありません。

ゴマすり人間は我々にとって目障りで不快な存在です。しかし、**彼らはゴマすりを通じて人間理解に対する不断の努力と、相手に恋をするレベルの観察と同調・共感力を鍛え、対人スキルを向上させています。**一度偏見を捨てて、彼らの行動を素直に観察してみてはいかがでしょうか。そこには学ぶべきものが数多くあるはずです。

飲み会のウザいオッサン《モンスター》

哀れな生きものとして付き合え

若者を楽しませたいオッサン

新型コロナウイルス感染症のパンデミックにより絶滅したと思われていた「アレ」が帰ってきているようです。

そう、飲み会です。

言うまでもなく、ここ数年は大人数での飲み会はご法度であり、歓送迎会や忘年会などはほぼなかったと思われます。私としてはとても寂しい気持ちでしたが、少なくない方が「会社の飲み会がなくて最高！」と思っておられたのではないでしょうか。

しかし、それは終わりを迎えたようです。飲み会が帰ってきました。

飲み会を嫌がる方は、なかでもとくに**オッサン**の「**昔話、自慢話、説教話**」が耐えられないという方が多いと思います。それがなければマシなのに……と思う方もいらっしゃるかもしれません。

いったいなぜ、オッサンは誰も聞きたくもない「昔話、自慢話、説教話」ばかりするのか。その動機を理解することで、もしかしたらオッサンのウザさを多少は緩和できるかもしれません。

飲み会にはオッサンも若者もいます。参加メンバーの人数を見てみると、いまの日本は就職氷河期世代より上の人口のほうが多いため、オッサンが若者より少ないというシチュエーションはあまりないでしょう。つまりオッサンばかりの飲み会のほうが多いと思われます。

オッサンのほうが多い飲み会では、若者は緊張し、とても楽しそうには見えない。これは、よくない状況です。せっかくいっしょの場にいるのだから、この飲み会を楽しんでほしい。ビジネスにおいては、同じ場所で楽しんだ関係性から大きな取引につながることだってあります。飲み会はそういったシチュエーションの模擬練習場でもある。オッサンはそう考えます。だから、オッサンは若者に話しかけるのです。つまり**一種の社会教育、ビジネスマナー**です。賛否はさておき、まずはそれを理解しましょう。

さて、オッサンは飲み会において楽しめていない若者に、話に参加してもらおうとします。しかし、共通のネタがありません。

できれば、若者も興味のある話題で盛りあがりたい。しかし、全然わからない。そうなれば、選択される話題はひとつしかありません。仕事に関する話です。もっとほかの話ができるように仕込みをすれば？　とも思いますが、哀しいかな、それができないオッサンが多いのです。

なぜ「昔話、自慢話、説教話」はしやすいのか

仕事の話をするといっても、今日の仕事や先月の仕事の話ではおもしろみがありません。もちろん直近の出来事ですべらない話があることもありますが、たいてい日々というのは平凡に過ぎていきます。

そんなオッサンの長い仕事人生の中にも、何年経ってもおもしろい事件や出来事はいくつかあるものです。そこで、「以前にあったおもしろい話」が始まるのです。

そのとき若者はどう感じるか。もうわかりますね？　**ただの昔話に感じる**のです。しかもはじめて聞く話ならともかく、数回目ともなると「またこの話か……」と我慢することになります。過去のネタしかないと、話に新鮮みがありません。

自慢話はというと、**部下や若手からリスペクトしてもらいたい**という気持ちから起こります。オッサンと若者の共通の話題は仕事に関すること。たいした展望ももっていないオッサンは、昔話をするしかない。オッサンの鉄板の昔話は、「自分ｏｒ誰かの失敗談」か「自分の成功談」

のふたつです。とくに誰かのやらかし、いわゆる失敗エピソードは盛りあがります。

ですので、オッサンもいまはエラくなっている誰かの過去の失敗話でひと笑い取ろうとします。もしかしたら、自分の失敗話も混ざるかもしれません。

しかし、**それが尽きると、あるいは「被リスペクト欲」が高まると、自慢話が始まることに**なります。

「俺はこんな大きな仕事をやってきた」「こんな危機的状況を潜り抜けてきた」というのはたしかに素晴らしいことかもしれません。しかし、**まだ大きな仕事をしたことのない若者にとってはそれがどれだけ素晴らしいことであるのか、よくわからない**のです。

説教話については、言うまでもないですね。最悪のパターンです。

前述のように、オッサンの話は昔話であり、共通の話題の狭さから自然に自慢話になっていきます。そうすると、こういう文脈が出現することになります。

自慢話

↓「俺はこうやってきた。そして評価された。決してラクではなかった（遠い目）」

↓「俺の時代に比べればいまのお前らはずいぶんラクになっている。そういう面ではもの足りない」

↓「苦労が足りない。もっと研鑽し努力しなければならない」

死ぬほどウザい。ウザすぎますが、もう自然とこの流れになってしまいます。これは**昔話が始まった時点で、自慢話を経て出現する不可避な現象**なのです。酔いも手伝って、当のオッサンもどこまで本当にそう思っているのかわからないこともあります。話の流れで言ってしまうのです。

さて、**飲み会におけるオッサンのウザさは、サービス精神の空回り**にあるということがご理解いただけたでしょうか。

ですが、私は若者へ、一言だけ言いたい。

オッサンだって、オッサンと飲んだほうが楽しいのです。若者のみなさんと同じように、同年代で飲んだほうがずっと楽しい。しかし、会社の行事としてやむなく参加しているのです。そう、若者と同じです。

しかし、オッサンは年長者として場をよきものとする義務があります。そのために頑張って空回りしているのです。そう考えるととても哀しい存在だとは思いませんか？

「オッサンどもの話なんて聞きたくもねーわ。ウザ」と吐き捨てる気持ちはわかります。でもたいていの場合、オッサンはあなたのために、場のために、そして明日以降をよくしていくために、若者に向かって語りかけています。しかもちょっと無理をしながら。尊敬しろとは言いません。ただ、わずかでも理解してあげてください。

ただ、空回りではなくこれをやっているオッサンは、見捨ててもよいでしょう。

変化拒否人間《モンスター》

柔軟性に欠けた老害になるな

自分の力の底が見えてしまう年代

中年、いわゆるアラフォーからアラフィフにかけては、いろいろなものが「見えてくる」年代に入ります。つまり、先が見えてくるということです。

自分はどこまで出世できるか。独立したとしてやっていけるか。自分の老後の生活レベルがどうなるか、などなど。

自分が乗るレールは確定してしまったと、ある日気づいてしまう。そして、それを否定する根拠がない。

そうなると、自分が変わってどうこうしようという柔軟性も発揮しづらくなります。なぜなら「しょせんこんな感じ」とわかってしまうからです。

こうして歳を重ねると、心身の柔軟性が失われてきます。年齢を重ねてどんどん頑固になる人はめずらしくありません。しかしこれは、開き直った老害化への第一歩。私も徐々にですが、新しい考え方をすることが億劫《おっくう》になってきたのを感じます。大変危険な兆候です。

若い頃は自分と違う考えに触れても「そうなのかも」と考え方を変えやすいものです。新しい価値観に触れる機会が多いですし、人生の先輩が多いし、そもそも、人生経験が浅い。

人生経験が浅いということは、まだまだ触れていない価値観や概念が豊富にあるということであり、そういった知見をもった人たちと触れる機会も多いということです。

たとえば新卒の頃は、日々新しいことだらけで、つねに挑戦し、自分の可能性を試していく環境にあります。社会人として安定した頃には、今度は結婚や育児でまた新たな世界に飛びこむことになります。そうすると、先輩や上司からのアドバイスがこれまでなかった当事者感覚をもって入ってくるようになります。「ああ、上司はこういうことを言いたかったのだな。これまで気づけなかった」と感じることが増えるようになります。

若いから柔軟性があるというよりは、若いうちは柔軟性が求められるシチュエーションが多いといったほうが正しいかもしれません。

一方で、中年はどうなのでしょうか。

私の会社のある先輩社員は、途中から自分の可能性を「あきらめた」のがありありと観察できる状態になりました。何しろ自分から「俺はもうあきらめている」と発言していたのですから間違いありません。

そこから発生した行動は、まわりに配慮なく自分の願望をつらぬくことでした。本部へのリーク、噂や部下の失態の拡散など、言いたいことを遠慮なく言うようになっていきました。しかも、それらに対して恥じるところがないのです。

「もう自分は変われない、変わる必要もない」そんな思考に包まれた中年《モンスター》は、老境に至っても同じ性質を維持することになり、老害化することになります。

変化していくことを楽しめ

いまの世界は、老若男女、年齢を問わず、大きな変化のただなかで生きることを強要されています。そのなかで、誰しもが変化を求められているにもかかわらず、**自分の範疇《はんちゅう》で人生を見切り、変わる必要はないと開き直る中年は明らかに間違っています。**彼らは本能から発せられる「変化せよ」とのメッセージを避けるため、変化につながる情報を意図的に避けることすらあります。

そして厄介なのは、変化を嫌い、固定化した中年が望む環境は、自分だけではなく相手も固定化しようとすることです。自分のまわりが変化しなければ、自分は変化する必要がなくなります。双方が固定化されることで、やっと安心できるのです。柔軟性のすべてが失われた世界。

それこそが彼らの理想郷なのです。

たしかに、柔軟でありつづけるということは、つねに変化しつづけることであり、変化は痛みをともないますから、つらいこともあります。とくに中年は若者と比べて気力体力が衰えていますから、なおさらです。

しかし、変化を拒絶したら自分自身は固定化され、人生が決まってしまうことを意味します。すべてが確定したかのような人生を、わざわざ生きる意味などあるのでしょうか。

人は老いるから柔軟性がなくなるわけではありません。変化を拒絶した瞬間から柔軟性を失っていくのです。

ワクワクした人生を生きたければ、決して柔軟性を失うべきではありません。自戒もこめて、みなさんにもお伝えしたいと思います。

モンスター1

ダメ社員

仕立てあげられた「ダメ社員」かも？

「ダメ」と「ダメじゃない」の差はどこでつくのか

ダメな社員がいます。あなたの会社にもいますよね？

段取りが悪く、仕事が遅い。報告が遅く、叱られている。年齢や肩書きのわりに意思決定ができず、軽蔑される。

私はこんな上司や部下をたくさん見てきました。X《エックス》（旧Ｔｗｉｔｔｅｒ）などを見ても、そんな属性の上司・部下への不満をよく見ますし、同僚と飲んでも「使えない人物」への悪態はよく聞くところです。しかし、です。もしかすると、**「使えない人物」はそのように仕立てあげられてしまった「ダメ社員」かもしれません。**そこで、アイツはダメだとこきおろす前に、立ち止まって少し考えてみましょう。

まず同じ会社に勤務する以上、原則としてそこまで能力的に差はないはずです。もちろんムラはありますが、採用試験や面接などで、ある程度一定となるよう担保されています。要領のよさなどにはかなり差はありますが、一般的な業務においてはそこまで差が出るとは考えにくいでしょう。ましてや「報・連・相」などは最初にキッチリ仕込まれれば、みな一定のレベルに到達するはずです。

しかし、いい歳になってもまともに報告できない社員がいます。となると、その原因は育成過程にあると考えるのがふつうです。彼らにいったい何があったのでしょうか。

ダメ社員の「萎縮」という病

いい歳をしてまともに仕事ができない「ダメ社員」は私のまわりにもいます。ある2名の社員について、私は数年にわたり観察していました。彼らはともに40代後半です。

彼ら共通のダメポイントとして、①受動的、②判断ができない、③報告が遅い、があります。40代後半の役付きの人間として、これらは致命的です。

しかし考えてみれば、20年を超えるキャリアがありながら新人のままのようなレベルにとどまっているのは異常な話です。となると、彼らはふつうの状態ではないのかもしれません。

さらに長く観察していると、ひとつのヒントが見えてきました。**彼らは、強く叱責されつづけてきたのです。**

失敗をすれば叱られます。そして、叱られれば誰でもヘコみます。多くの人々は、同じ失敗は二度としないと誓い、成長につなげていくと思われます。しかし、なかには叱られて復活できないタイプがいます。そういう人がどうなるか。

答えは「萎縮する」です。

つまり、簡単に言うとヘコみっぱなしということです。ふだんはふつうに会話しているし談笑もしており、一見して落ちこんでいるように見えないのに、内心ではしっかりとヘコんでおり、肝心なところでやるべきことができなくなってしまうのです。こうなってしまう理由は、強い叱責にあります。

彼らはこんな経路をたどっているのです。

失敗する
↓強い叱責からの萎縮
↓報告事項の発生
↓報告の内容で責任を追及され、また叱責されるのではないかとおびえる
↓報告の逡巡
↓報告が遅延（または隠ぺい）

↓さらなる叱責

まさに、叱責による負のループです。

そして、ここが重要なのですが、**これらは決して本人の能力不足で起こるのではありません。ポイントは「キャラクター」です。**

「叱られる役割」を課される悲劇

「キャラクター」のせいで強い叱責を受けるというのは、**「こいつになら何を言ってもいい」とまわりから認識されてしまっている**場合に起こります。

たとえばクソ上司は自身の権威を際立たせるため、特定の部下を血祭りにあげてマウンティングを行うことがあります。その際に反撃されては逆効果となってしまうので、絶対に反撃しない部下を標的として定めます。

すると、標的となった部下は、事あるごとに利用されることになります。全員に対する戒めを目的とした、都合のよい生贄《いけにえ》として叱責されるようになるのです。

標的とされた部下は、高い確率で萎縮します。何しろ上司から「叱られる役割」を与えられていますので、何を言っても叱責されがちになりますから、無理もありません。

そんな人物が選択するのはふたつです。報告の遅延、もしくは隠ぺいです。そして、それが火種となり、さらに叱責されることになります。

このように、**彼らは「ダメな社員」であることを上司により押しつけられた、「つくられたダメ社員」である可能性があります。**ですから、その可能性を考慮せずにこきおろすのは、あまりにも配慮に欠けた行為なのかもしれません。

「あいつには何度も指導したのに全然成長しない。どうしようもない」

こんな発言、聞いたことはありませんか？　私は何度もあります。強い叱責は何も生まないどころか、相手の思考を奪うことになるのに、無能な上司はそれがわからないのです。

私の会社の40代のふたりは、気さくでまわりに対して温和な人です。彼らを嫌う人は誰もいません。しかし、彼らはことあるごとに萎縮し、選択を間違えつづけます。そしていまなお、つるし上げの叱責を受けています。

残念ながらこうなってしまうと、いまから挽回することは不可能でしょう。彼らを標的としている上司が去るのを待つ、もしくは自身が去るかです。40歳を超えての転職は、状況が変わってきているとはいえまだ厳しさがありますから、彼らはいまさら転職はしないと思われます。家族もいるのでなおさらでしょう。

「ダメ社員」に仕立てあげられても避難できるよう準備しておく

叱責をガバナンスのツールとして使う上司といっしょに仕事をするのは、災害みたいなものです。ですから、**つねに避難先を準備しておく必要があります。**つまり、**いざとなれば転職できる状態にしておくことはとても重要です。**「ダメ社員」の烙印は、上司や環境の影響により付与される場合があるわけですから、転職は合理的な課題解決方法です。いつどうなってもいいように、保険として転職市場で戦える実績を意識して準備しておくべきです。

そして何より、あなたが「ダメ社員」を生み出す上司になってはいけません。**大切なのは、相手を威圧する対応を選択しないことです。**威圧はとても手っ取り早く効果的に見えるかもしれませんが、生産性が落ちたり退職を誘発したりするなど逆効果になります。威圧や恐怖で他者をコントロールするのは獣のやることであって、人のやることではないのです。

もし、あなたのまわりに「ダメ社員」に仕立てあげられた人がいて、それを理不尽に感じたのなら、味方になってあげてください。**その人がアンフェアな叱責を受ける前に、仕事ぶりのよさなどを強調してまわりに伝えましょう。**あなたが少し大きな声で肯定することで、上司は安易に否定できなくなります。

これからの人手不足の社会において、「ダメ社員」を生み出すことは大罪です。そしてもし、あなたが「ダメ社員」の烙印を押されたとしたら、そんな会社に勤めつづける必要はないのです。

しかしそもそも、不当なダメ認定を防げるのなら、それに越したことはありません。次の項目で、おすすめの方法をご紹介しましょう。

マウンティング上司《モンスター》

弱者しか攻撃できない小心者には牙をチラ見せしろ

クソ上司はなぜマウントをとるのか

会社で上司からよくマウントをとられる人がいます。一方で、そうでもない人もいます。これは本当によくある話で、同じ失敗をしても対応が全然違ったりしてアンフェアだと感じることがありますよね。同じことをしていてもなぜ自分ばかりマウントをとられるのか。前述の「ダメ社員」はこれがエスカレートしたといっていいのかもしれません。

逆に、これを回避できたら会社員生活は安全になります。そこで、上司からの謎マウントを回避するために、私が実践してきた手法をご紹介いたしましょう。

まず、なぜ彼らがマウンティングするのかを考えてみましょう。小うるさくアンフェアなクソ上司は、基本的に矮小《わいしょう》な存在です。視野が狭く、自己中心的で、自分がかわいい。自分を過剰に愛するがゆえに、利害が相反する案件について絶対に譲らない。譲れば自分の評価が下がるので、それは絶対に避けようとします。

部下への態度についても同じです。部下の不始末は自分の評価を下げる。そんなことは許せないと考えます。そこで二度とそうならないよう、徹底的に威嚇《いかく》と恫喝《どうかつ》をもって部下をしつけようとします。

そんな上司と同じ部署になってしまったら、どうしたらいいのでしょうか。

基本的にクソ上司は自分を守りたいので、危険なところには近づきたくありません。また近くに敵をつくるのも嫌います（実際は量産していることには気づかないあたり、視野が狭い）。

そこで、**あなたがとるべき戦略は「牙のチラ見せ」**です。

反論する人間であると示す

クソ上司は面と向かって攻められることを恐れます。みなの前で攻撃され、ダサい対応をしてしまうと面子がつぶれてしまうからです。それはどうしても避けたい。何しろ自分がかわいくてしょうがないわけですから。

ですので、部下に対して何かアクションを起こすときには、部下それぞれの性質を見抜いてから行います。反撃されると手強そうな優秀な部下には強くは出ません。強く出るのは「絶対に反撃してこない」部下になります。**反撃してこない部下をみなの前で叱り、追いつめることで、自分のメッセージを部署全体に伝えるとともに、自分がいかに権力をもった存在かを知らしめようとします。**言うなれば間接的に全員に対してマウンティングを行う。そのために部下を利用するわけです。

どうしようもなくクソな話ではありますが、戦術としては効果的です。短期的には抜群の効果があり、しかも極めて手軽に行えます。「絶対に反撃してこない」部下がいさえすれば。

つまり、クソ上司から理不尽に責められるのは「絶対に反撃してこない」という要素がある場合です。であれば、反撃する可能性があると示せばいいのです。

この場合の反撃とは、反論のことです。つまり、**「私は反論する人間だ」ということをクソ上司に印象づける。これで、理不尽な攻撃はほぼ止まります。**

そんな印象を与えるための「布石」をこっそりお教えしましょう。

布石①　ふだんの会話の中に自分の意見をすべりこませる

クソ上司と会話をすることは多いと思いますが、そのとき、ただただ「そうですね」と言って同意しているだけではありませんか？

それはＮＧです。必ず自分の意見も言うようにしましょう。

その際、意識しなければならないのは**クソ上司の意見とは「ちょっとだけベクトルが違う」意見を言うこと**です。これが正反対のベクトルだとまずいです。相手は権力者ですからカチンときてしまいます。

たとえば、あなたが顧客へのアプローチについて上司に相談し、具体的な指示を得たとします。その際に、

「ご指導ありがとうございます。私としては○○の手法も考えてみたのですが、これってやっぱりイマイチですかね？」

という感じで**別の意見を嫌味なく提示する**のです。これをくり返すことにより**「自分の意見を主張するタイプの部下」という印象を与えることができます。**するとクソ上司はあなたのことを「言い返される可能性のある人物」と認識します。

そうなれば安易に攻撃することはリスクだと考えるようになります。

布石② 感情的な面があることを見せる

意見をもっていることを印象づけたら、次は**感情を激しく発露する性質があることを知らしめます。**いくら意見をもつ人物と認識しても、それが想定の範囲でしか発露されないのであればあまり怖いと思われません。

クソ上司にとって怖いのは、自分が反撃されてはまずいシチュエーションで反撃されることです。反撃されるにしても、自分の想定の範囲内であれば怖くないのですが、予想外のタイミングで来られると対応しきれないのです。

クソ上司が警戒するほどの一面があることを、実際にキレることなくどうアピールすればよいか。

ずばり、「強い正義感があると見せる」のが有効です。自分には「**不道徳・不合理な事象や行為について激しい怒りを覚える性質がある」ということを印象づける**のです。

たとえば、顧客からの心ない応対があった場合に、

「こっちは誠心誠意対応してるのに、あの対応はあまりにもひどすぎます！　あんな人はもう、うちの客でもなんでもないですよ！　うちだって顧客を選ぶ権利はあります！　切りましょう！」

というように真っ当な正義感を躊躇《ちゅうちょ》なく表現する。それこそクソ上司が「まあまあ」となだめるほどに。

これによりクソ上司の頭の中には「こいつは怒る人間である」「こいつは正義の人である」というふたつの要素がインプットされます。

「こいつをもしみんなの前で叱って、少しでもこいつの正義からズレたことを言ったら、反撃

を食らうかもしれない……いや、こいつなら言うに違いない……」

クソ上司は直感的にそう考えます。そして、迂闊《うかつ》なことを言ってこなくなるのです。

これらの布石に共通するのは、「私は言うときは言う人間である」ことのアピールです。つまり、**「自分は反撃する可能性をもっており、その反撃はあなたの出方次第である」という強烈なメッセージをクソ上司に印象づける**ことにほかなりません。


私はヒラの頃からこれらを実践してきました。おかげで私にマウンティングしてくる上司はひとりもいませんでした。それどころか、社内でも有名なクソ上司たちといっしょの支店になったとき、こちらの機嫌をとろうとさえしてきました。こうなるとやりたい放題です。クソ上司を差し置いて私がリーダーとなり、2階級ほど上の仕事をすることができました。これは本当にいい経験でした。

決して噛みつかないけれど、鋭い牙はもっている。日々の仕事の中で、それをにおわせていくことがあなたの日常を守るのです。

部下の成長を待てない知性欠落上司《モンスター》

「成長過程」を見せて安心させろ

安定志向の銀行マンに変化を求める矛盾

指導をくり返しても、全然応えてくれない部下がいるのは本当につらいことです。まるで自分の指導をバカにされている気分になり、つい声を荒らげてしまう。ああ、そこまで言うつもりはなかったのに……とあとで落ちこむことになる。

叱られた部下も当然つらい思いをします。指導を受けてはいるものの、どうにもうまくいかない。早く改善して面倒をかけないようになりたいのに、思ったように成長できない……。わかっているのにできない苦しみは、決して軽いものではありません。

どんなに指導しても成長しない部下は、はっきり言って厄災みたいなもので、上司の気力をごっそりと削ります。できれば無視してしまいたいと思うようになりますが、どの組織においても上司の給料には部下の指導に対する報酬も含まれていますから、指導をあきらめることは

職務放棄と同じです。上司は指導から逃げることができません。これは上司のみなさんは痛感しておられるでしょう。

新社会人はたいてい20歳前後です。それなりに人格・性格もできあがっている。そして、学校という組織の中で育っていますから、周囲の安定を尊ぶ思考も身体化している場合がほとんどです。加えて、採用面接では多くの企業が協調性を重視するはずです。協調性を無視するニューカマーを受け入れると社内がめちゃくちゃになるリスクが高まりますから当然です。まずは連帯して仕事に取り組める人材。それはマストの要件となる。

よって、ふつうの新人は不安定な要素の少ない安定性の高い人材（になりがち）といえます。金融機関などのいわゆる「おカタい」仕事ほどその傾向は高いでしょう。

若い部下には成長という「変化」を求めますが、そもそも業界として「変化しにくい安定した人材」を望む傾向にある。この相反する状態により、上司は焦り出してしまうのです。

基本的に人間は短時間では変化しません。安定した人物であれば、なおさら変化に時間がかかるでしょう。

変化することは、大げさに言えば「命がけの跳躍」です。そこではいまの場所と同じように安らげる保証はなく、極端な話、自分が大きく損なわれるかもしれない。

なので「変化しろ」と言われても簡単にはできません。変化するのに絶対に必要なものは「時間」です。しかし愚かな上司はそれがわからない。何もせず待つことができないのです。結果的に、部下は成長の途中でつねに追いこまれることとなり、安心して成長に集中できなくなるのです。

部下は中の見えない「さなぎ状態」にある

成長とは、原理的に「事後的」なものです。

どういうことかというと、人は、指導を受けている過程では目に見える変化などしません。変化はしているのですが、あまりにゆっくりなため、上司からは変化していないように見えるのです。その変化が「成長」と謳われるには、指導が完了し、変化を終え、その変化が望ましい結果を招くという段階が必要です。

ですので、指導者は基本的に裏切られつづけることになります。**どんなに指導をしても指導中は変化の過程でしかなく、指導中に自らが望む「変化の成果」を見ることはない**のです。

チョウでたとえてみましょう。

チョウといえば美しい羽をもった昆虫です。春、ひらひらとかわいいモンシロチョウ。夏、神々しくもあるカラスアゲハ。ですが、チョウはいきなり羽をもって生まれるわけではありません。幼虫の時代が必ずありますが、ここで注目すべきは「さなぎ」です。

幼虫は成虫になる前にさなぎの状態になります。さなぎの中身はドロドロです。いったんドロドロになってから、成虫の身体を再構築していく。

さなぎは一見何も変化していないように見えます。しかし、その内側では再構築が進んでいる。そしてある日、殻を破り美しい羽をもった成虫として外界に出てくるのです。

上司が変化させるべく指導している部下も、これと同じです。

あなたが部下の指導をしていて、どうも手応えがないと感じても、**あなたの指導により内部では「ドロドロした可能性のもと」の再構築が進んでいます。**そして再構築はあなたが指導している間は終わることがないのです。言い方を変えれば「切り」がついていない状態が続くといえます。

時間をかけて再構築が終わって、構成すべき形が確定する。変化が確定する。そうしてやっと、これまでの指導が結実し発露していきます。

クソ上司はこれがわからないし、この期間に耐えられないのです。さなぎの状態を「停滞」「思考停止」と断定し、外部から強い刺激を与えるべきではない段階で殻を破り中身を引きずり出そうとしてしまいます。

はっきり申し上げて、これは知性の致命的な不調といっていいでしょう。そして残念ながら、こんな上司は腐るほどいるのです。心当たりがある方も多いのではないでしょうか。

未来を読み、待つことができない知性の低いクソ上司

「待つ」という行為は、極めて知的な行為です。

なぜなら、「待望する」というのはまだ見ぬ未来、測定不可能かつ定量化できないものを信じる行為であるからです。待望するには相応の知性の積みあげと、他者への信頼、人間理解が必要でしょう。

逆に言えば、**浅はかで目の前の経済合理性しか信憑せず、他者の心境は数値化不可能で基本的に信用できないと断じ、人間がもつ不安定な部分は理解不能と切り捨てる。こんな人物は「待つ」ことができません。**自分の目の前にのみ広がる「いま」の中でしか生きられないからです。

人は待つことで生き延びてきました。それは農業からみても明白です。

どんなにお腹がすいても、来春に植えるための種籾《たねもみ》には手をつけなかった。待つことで何倍も大きなリターンがあることを人類は学んでいたからこそ、ここまで発展できたのです。クソ上司は知性が低いため我慢して待つことができません。だから部下指導に向いていないのです。

「さなぎ状態」であると理解してもらう

もしそんな上司が指導担当者になったらどうすればいいのか。これは難問と言わざるを得ません。何しろさなぎの状態を理解できないほど知性がないのですから。

基本的な対策としては、**上司にわかりやすいように成長を表現する**ことです。**数値で示すのが望ましい**でしょう。実績で示せれば最高ですが、それができないから指導を受けている場合が多いと思われますので、ほかの数値をもってくる必要があります。

仕事の実績ではなく、仕事の過程を数値化し表現するのが有効です。営業日報や交渉記録等で努力の過程が数値化されたものをアピールする。結果につながらない過程など無意味だと断ずる上司もいますが、ここでアピールするのは「成長の過程にあり、ゆっくりであるが進歩している」との事実ですので、見せ方・伝え方は工夫しましょう。**ポイントは「あなたの指導により私はたしかに成長している」と上司に感じさせること**です。感じさせてしまえば、上司は指導というノルマが達成に向かっていると感じ、安心します。

あなたが上司であるなら、「待つ」ことの意味を考えてみてください。

変化の過程にある部下をさなぎとみなし、一見まったく変化がないように見えても内部では命がけの変化をしていると信じる。チョウとして羽ばたくその日は、自分の目には触れない可能性が高い。でもそれでいい。

お互いの歩み寄りにより、「待つ」という行為は成立するのです。それこそが、お互いに知的であることの証明であり、組織をよい未来へ向かわせることになるのです。

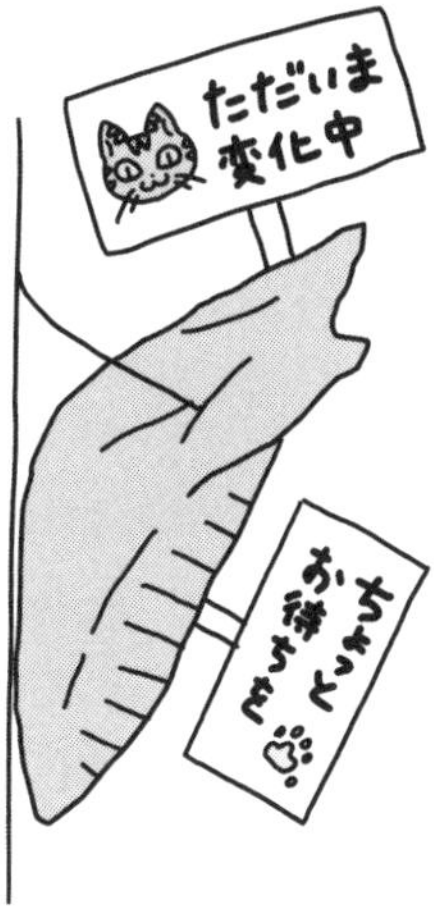

自分を好いてくる上司《モンスター》

円満な関係は「停滞」の危険あり！

上司に気に入られるよう成長にブレーキをかける

会社で仕事をしていて、どうも居心地が悪いと感じることがあります。上司からイマイチ信頼を得られていないと感じたときです。

上司が自分を避けたり、自分には意見を求めてこなかったりすることが多くなっていると感じる。自分の言っていること、進言していることがどうも受け入れられていない気がする。これはかなり不安になります。自分を評価する相手から認められていないと感じているのですから当然です。同じような不安を抱えておられる方も多いのではないでしょうか。

しかし、それは決して悪いことではないのです。

いったいなぜか。

ビジネスの現場に限らず、我々が好意をもつ相手というのは基本的に「こちらの気分を害さない人」です。これは間違いありません。語りかけたときに「はあ」とか「なんすか」というカチンとくる態度を取られると、とても好意をもてません（そんな人物が好きという人もなかにはいるかもしれませんが）。

また、目に見えて不満そうな態度を示してくる相手にも好意はもてないでしょう。こちらとしては、相手がなぜ不満そうなのか、イラついているのか、たいていの場合はわかりません。わからない相手は、警戒しなければならない。そして警戒が必要な相手を好きになれるわけがありません。

一方で、自分が警戒する必要がないと感じる相手、つまりは自分にとって緊張しない対応をしてくれる相手はとても接しやすく感じます。そういう人物に対して、人は好感をもちます。これは一般的な上司と部下の関係性においても顕著です。上司は、つねに気を使ってくれて自分の気分を害さない部下に好意をもちます。これは「自分にとって都合のいい人を好きになる」と言い換えられます。何だかあたりまえな話ですが、それだけに強力です。

しかし、そこにはグロテスクな一面が隠されています。

「自分にとって都合のいい人を好きになる」のは、人間としては自然なことでしょう。では、「都合のいい人」とはなんでしょうか。

私は、先ほどそれを「自分の気分を害さない人」と表現しましたが、もうひとつの視点があると思います。それは**「自分の想像の範囲内に収まる人」**です。つまりは**「自分にとって意外性のない人」**ということです。これが意味するところは非常に重い。

上司と部下の関係において、上司が「自分の想像の範囲内に収まる部下」を求めた場合、どうなるか。上司はとても幸せに過ごせると思います。そりゃそうです、すべてが想像の範囲内で収まりますからストレスは少ないでしょう。

一方で、部下はどうでしょうか。

上司から「俺の想像の範囲内でいろ」との無言のメッセージが発せられた場合、自然とそちらに寄っていくことになります。そうなれば飛躍的成長はないでしょう。上司の天井が、そのまま部下の天井となってしまうからです。部下の中には、上司を超えた能力をもつ人物もいるかもしれません。しかし、上司の気分を害さないために、あえて上司の想像の範囲内でしか働かなくなってしまいます。

上司が、自分の気分を害さないことを暗に部下に要求することにより、部下は自らの成長にブレーキをかけてしまうのです。

もしあなたが部下をもつ立場にあり、「ああ、いまのチームは居心地がいいなぁ。みんな素直だし、仕事もグリップできている。問題はない」。

そう感じていたら危険信号です。あなたは部下たちの成長にブレーキをかけてしまっている可能性が高いのです。

そして、あなたが部下の立場であるならば、ブレーキをかけないよう、十分に注意しなければいけません。

旧世代の劣化コピーになるな

上司に相談すると、すぐ理解してくれる。認められている実感がありうれしい。それは素晴らしいことです。しかし、そこで疑う思慮深さがなければいけません。

上司が二つ返事で自分の意見を認めた場合、次の2点を思い出すようにしましょう。

①上司が無能であり、そもそも自分の意見を十分に考えてくれていないかもしれない
②自分の考え方は、年上の人物がすんなり認めるほど先進性を欠いているかもしれない

①は論外としても、②は相当に深刻な状況だと感じなければなりません。なにせ、自分より相当年上の上司と同じ感覚であるとの証拠でもあるからです。つまり、若い意味がまったくないということです。

簡単に言えば、あなたは旧世代の人間の「劣化コピー」だということです。

「あえて、本心を隠して上司に好かれるよう選択的に行っているのだ」という人もいるかもしれません。しかし、ミイラ取りがミイラになるように、「フリ」はいつしか身体化され、ペルソナと定義していた仮面は、いつしかその人自身のものになるのです。過去にもそうやって幾多の若者たちが、どうしようもない老害となっていったのです。あなたはそうなるべきではありません。

上司の好意は片耳だけで聞く

では、そうならないためにはどうしたらいいのでしょうか。まずは、意識改革です。

上司に気に入られていることに、居心地の悪さを感じるようになる必要があります。気に入られているということは、古い価値観の中にいることの証明ですから、まずはそこに疑念をもつようにしなければなりません。

若手は、上司がOKを出せば正解で、ダメ出しされたら不正解というように、つい上司の反応と答え合わせをしようとしてしまいます。まぁこれはあたりまえのことですが、それをあたりまえと捉えることをまずはやめましょう。

よほど自身をつねに疑い、自己否定し、新たな事象を受け入れようと涙ぐましい努力をしている人でない限り、上司から例示された過去の栄光をなぞることを正解と考えてしまう呪いから自由になれません。勤め人とはそういうものなのです。

しかし、**上司の判断が正しい保証はどこにもありません。単に上司の判断の下で行えば責任を取らなくても済むという話であり、それが正しいかどうかは別問題**です。

逆に、上司の判断がすべて間違っているわけではありません。正しいことだってたくさんあります。上司の指示に従っていれば、大ごとにならない可能性は極めて高いといえます。しかし、それでもあなたが上司の劣化コピーになるのは絶対に間違っています。

近年の世界の変化を見ていれば、旧来の価値観がいかに通用しないかはすぐにわかります。あなたが現役でいる間に、上司の感覚がまったくの無価値になる可能性は極めて高いのです。ですから染まりきるのは大変に危険です。

上司は神でも、預言者でもありません。あなたがふつうに頑張れば、到達する可能性の高い未来にすぎません。

あなたは、いまの上司のようになりたいですか？

なりたいのなら、どんどん気に入られるように努力すべきです。それは素晴らしいことです。でも、そうでないのなら、なりたくない上司からの信頼の有無などさほど気にしなくてもいいのです。

なりたくない上司と意見が違う。それはあなたにとって間違いなく正しいことなのです。

決断力のない上司《モンスター》

トライさせてもらえるだけの実績をつくれ

部下を守るための体力と精神力は日々衰えていく

リスクを避ける上司がいます。そういう上司を、たいていの若手は嫌います。

「リスクを恐れていては今日と同じ日が続くだけでしょ？　同じ明日が来る保証はない。リスクをとり、未来に備えないと」

こういった思考はまったくもって正しいと思います。しかし、なぜか上司の反応は大変に鈍い。そこには、若者にはおよそ見えないであろうカラクリがあります。

私の娘たちは大学2年生と高校2年生です。子どもがこれくらいになると、あたりまえですがいっしょに遊ぶことはありません。もう散歩にも、サイクリングにも行ってくれません。なんだか寂しいなあ……。そんなことを思って、過去の記録をスマホで見てみると、子どもたちがブランコに乗っている動画が出てきました。10年以上前のものです。

「おとうさーーーーん！　押してーーーーー！」

「こっちがさーーーきーーーー！！」

いまは離れて暮らす長女と、最近急に大人びてきた次女が競うように叫んでいます。ああ、本当にかわいいなあ……。もし孫ができたら、こうしてまたブランコ遊びができるかもしれないんだな……。そう思って、自分がまだ見ぬ孫の背中を押す場面を想像します。そこで、ハッと気がつきました。

娘にしたように、孫の背中を強く押すことができないのです。もちろん想像の中での話です。これには自分で驚いてしまいました。なぜ押せなかったのか、しばらく考えて答えがわかりました。孫が危険な体勢になったとき、いまの自分ではとっさに対応できる自信がなかったのです。

10年前の私は、無茶なブランコ遊びをしても娘たちを守る自信を無意識にもっていました。それをできるだけの肉体的な若さがあったからです。

でも、いまはあのときのようには動ける自信がない。だから想像の中ですら、ブランコを押す力をセーブしたのです。自分は確実に老いており、それを自分で認めている。

長々と何の話だと思われたでしょうが、でもじつは、仕事でも同じことが起きるのです。

若い方は理解できないと思いますが、肉体的な衰えは精神力の衰えに直結します。これは40代からでも十分に実感できるところです。

肉体はいわゆる「定常的な資産」ではありません。劣化が運命づけられている資産です。**年齢が上の上司は、部下より肉体的に劣位です。つまり、精神的に劣位なときも少なくない**のです。精神のコンディションの面では、部下に負けず劣らず上司もかなりボロボロであるといっていいでしょう。そして肉体にリンクするので回復も遅い。

リスクをとれば、必ず成功するわけではありません。そんな若者のチャレンジを上司は止めがちです。理由はいろいろありますが「部下を守りきれる自信がない」という理由は小さいものではありません。

部下にリスクテイクを許可し、失敗したら、部下の未来は毀《き》損《そん》されることになるかもしれません。当然そうならないように、上司は彼らを守らなければならない。しかし、守りきれるのか、守りきる保証ができるのか、そんな不安定な状態でリスクテイクさせていいのか。自分の、先まで見通せる知見と経験でフォローすればどうにかなるのか。「好きにやれ」そう言って部下の背中を力強く押してやれたらどんなにいいか。そんなことを考えます。

上司が部下を守るときに、もっとも消費するのは精神力です。どれだけの熱量で擁護できるかが勝負になります。

「部下を守りきるには、精神力の消費が必要だ。でも、それだけの精神力を捻出できる余裕がいまの自分にあるのか……」

相手を守りきれないかもしれないと感じたとき、人は臆病になります。誠意ある上司ほど、悩み、逡巡するのです。決断できない上司ほど、部下を思いやっているのかもしれません。

上司の弱気を払拭するような実績をつくれ

一方、このように誠意がありすぎて臆病な上司にあたってしまうと、部下としては困ったことになります。強く背中を押してくれず、トライさせてくれないからです。それではなかなか成長できません。

しかし、上司は部下が大きな失敗をし、それを自分ではカバーしきれないことを恐れているとすると、そのトライは相当無茶である可能性が高い。部下に釣りあった仕事、または少しだけレベルの高い仕事であれば、上司もそこまで決断に迷わないはずです。ですから**臆病な上司の下についたら、そんな上司が「やってみろ」と言えるだけの材料を、日々確実に積みあげていきましょう。**時間はかかります。でも上司が臆病なおかげで、あなたは安全かつ着実な成長の過程を歩めるかもしれません。だとしたら、それは大きなメリットです。

もし、いますでに部下をもっている人は、少しでも長くブランコを強く押せる状態を維持しなければなりません。**上司としての理想は、肉体を健康に保ち、それにより精神力を低下させないこと。**低下しても知識や権力でカバーし、部下を広範囲で守れるよう備えなければなりません。

ブランコを強く押せば、子どもは必ず喜びます。それは大きな子どもである部下も同じでしょう。彼らが夢中で仕事ができるように、気持ちよく背中を押してあげたい。それはきっと、上司たちの共通の願いなのではないでしょうか。

いまは若き部下たちも、いつかは自分も同じようになることを心に留めておいたほうがいいでしょう。背中を押すことの価値と責任。それを早い段階から意識することで、より長く部下の背中を押しつづけられる上司になれるのですから。

上級社畜的クソ役員《モンスター》

立場と役割を意識しないざんねん人間という反面教師に

ノルマがなくなると動けないクソ役員

おそらくみなさんの会社には、役員がおられると思います。そのなかに、役員として全然使えない「クソ役員《モンスター》」、いませんか？

会社法上では取締役、会計参与および監査役を役員と定義していますが、会社に常勤している役員は代表取締役および取締役でしょう。中小企業において取締役を外部から招聘《しょうへい》することは少なく、たいていは内部からの登用が多いと思われます。役員に登用されるわけですから、その方は仕事ができるはずです。しかし、できる社員がクソ役員化する。いったいなぜそんな悲劇が起きるのか。

それはずばり、**社員と役員ではやらなければならない仕事がまったく違う**からです。あたりまえすぎることですね。でも意外と、できていない人が多いのです。

役員となる社員は、原則として仕事ができる社員です。

役員になるためには実績を上げなければならない。その実績は現経営陣が経営計画に盛りこんでいるものである必要があります。

そのため、平社員から管理職、果ては部長クラスまで実績を上げる・上げさせることに躍起になります。これこそが現場の日常でしょう。役員に上がるまで20~30年として、その間ずっと、求められる実績を追うことになります。

しかし、役員になったあとは、直接実績を追うことはありません。求められるのは「社員に何を追わせるか」であり、全体の方向性、進むべき道、到達すべき未来を提示する側となります。

そのとき、これまで愚直に前だけを見て実績を追ってきた（部下に追わせてきた）だけの人物は、途端に足が止まってしまいます。**あまりにも長い間与えられた目標のみに集中したため、自分で目標を考えることができなくなっている**のです。

「これまでやるべきことは与えられていた。それを人よりも早く多く達成することが正義であり、そして喜びだった。でも役員になったら目標はない。あっても「会社の発展」という定量的ではないものだ。俺はそんなことはやったことがない。いったい、どうやって自分の存在価値を誇示したらいいんだ。誰か俺にノルマをくれ……」

これが、実績のある人物が役に立たないクソ役員になる大きな原因です。**クソ役員は社畜の極致、いわば「上級社畜」なのです。**

現場主義をつらぬくという悪選択

とはいえ仕事バリバリ系でのしあがった役員ですと、宙ぶらりんな状態は我慢ができません。自分は会社の役に立っているとのアピールをしなければならない、と社畜らしく焦ります。そこで、最悪の手を打ってくる役員がいます。社員時代にもっとも熟達していた仕事を続けようとするのです。

さて、これはもっとも愚かな選択です。とにかくデメリットしかありません。なぜなら、役員が部長などのポジションに居座り、仕事をしているアピールのために重要な顧客や業務を手放さないと、**次にそのポジションに収まって成長をすべき人材の機会を奪うことになります。**

さらに現場で決裁じみたことをするので、**まわりの部下は内容の妥当性や合理性について考えなくなっていきます。**部下からすると、考えても考えなくても結局は現場の役員がその場で決める（客先で決めてくる）ので、考えるだけ労力の無駄なのです。スピーディーな決定は善とされていますが、現場に王様がいて決定するのは周囲の成長を妨げます。

そして、その役員が退任したあと、残された大穴を埋める人材が育つまでの間、会社は機会損失を出しつづけることになります。つまり**「人材育成の阻害が甚だしい」**のです。

次に、あたりまえの話ですが、これまでと同じ仕事をやっているだけでは経営陣としての仕事をすることができません。しかしクソ役員は役員となったことにより権力が増し、これまで以上に既存の仕事がやりやすくなってしまうため、より夢中になる傾向すらあります。このように**クソ役員は失敗の確率が極めて低い、自分が熟達している仕事に意図的に逃げ、経営陣としていちばんしんどい業務である会社と社員を導く仕事をなおざりにします。**

そのうえ役員会では「私はこれだけの実績を上げ、社に貢献している！」と必ずアピールします。そのために現場に残ったわけですから、必ずやります。

「お前の仕事はそうじゃねぇんだよ！　いつまで従業員気分で仕事してんだ！　経営しろって言ってんの！　頼むから進化してくれよ！」

クソ役員を前に、そんな代表取締役の心の声が聞こえてきそうです。ただ、面と向かっては言えません。役員に登用した自分の責任でもありますから。

クソ役員がこれらを意識せずにやっているならただのアホですが、わかってやっているなら会社に対する背任行為です。なぜなら計測が難しいだけで、会社に対して損害を与えているからです。そしてその代償は、従業員が払っていくことになります。

クソ役員にならないようにするために

あなたが会社員であり、いずれは役員になりたいと考えているのなら、**こんなクソ役員にならないように早い段階から準備をすべき**です。それはそんなに大げさなものではなく、疑問や課題に直面した際に、単純な質問を自分に投げかけるだけでＯＫです。

その質問は、**「自分が経営者ならどうするか？」**です。

いちいち自分が経営者ならどうするかを考えましょう。

たとえば、営業成績が上がらず苦しむ後輩がいる場合、先輩という立場と経営者という立場、両方で考える習慣をつけるのです。

先輩として……どのような指導やフォローが適切だろうか？

経営者として……自社の営業方針に問題はないか？　販売商品は市場ニーズからずれていないか？　マーケティングが不足していないか？　そもそも個人能力を把握したうえでの最適配置になっていないのではないか？　など

若いうちから2軸の思考をもつことで、視点がどんどん俯《ふ》瞰《かん》的になっていき、さらには自社

の課題の解像度が上がって見えてくるはずです。

そして、あなた自身が経営者に近づいていくにつれて、それら経営課題の解決に取り組むとも可能となってきますし、何より、役員となったときに経営者としての仕事に迷いなく移行でき、みじめったらしく現場に固執するクソ役員にならなくても済みます。

私は従業員に「経営者目線をもて!」という経営者が大嫌いです。それはあまりに経営者にとって都合のいいオーダーだからです。

しかし、「役員になりたい」「将来は会社を経営したい」のなら話は別です。日々、現在のポジションと経営者の2軸の思考で物事を考えるようにしなければなりません。いまのうちから自分の中に、役員となった自分の複製をつくりましょう。それもとびっきりリアルに。

もしいまクソ役員から実害を受けている方は、心配することはありません。そんな役員は早々に居場所がなくなり、退場することになるからです。

年齢と立場に応じて自分をしっかりと変化させていくことはとても重要です。そうしなかったらどうなるか。それを人生をかけて体現してくれているクソ役員には、感謝しなければならないのかもしれませんね。

理解不能人間《モンスター》

排除せず理解できないまま許容しろ

自分と似ていない人と付き合う

寛容というのは、自己犠牲を伴うものです。完全に意見が一致し、抵抗感が一切ないのであれば、そもそも寛容という概念は必要ないはずです。つまり寛容とは、相容れない存在がまわりにいることが前提となります。

私は、20代前半の頃に姉から「あんた、人が変わったね」と言われたことがあります。もちろん、よいほうに変わったという意味です。

たしかに、自分でも変わったなという実感がありました。一言で言えば、とても寛容になったと感じていました。

変わったきっかけは明白です。当時の彼女、つまりいまの妻の存在です。しばらくプライベートの話になりますが、どうかお付き合いください。最後はちゃんと仕事の話になりますから。

妻は私とまったく逆の存在です。逆というのは価値観や考え方についてです。違いすぎて笑えるくらいです。どのくらいかというと、カレーライスと刺身くらい違う。

付き合いはじめた当時、私は20歳でまだまだ成熟などしておらず、あまり内省ということもしていない時期でした。自分の考えが世界の中心といった、そんな頃です。そんななか、妻と付き合ってみて驚きの連続というか、「こんな人間がいるのか」というレベルの衝撃がバンバンやってきました。

印象的なエピソードがあります。

ある日、妻が散歩に行こうと言いました。私は承諾し「どこへ行くの？」と尋ねました。すると妻はこう答えます。

「目的地など、ないよ」

私はフリーズしてしまいました。理解できなかったのです。

目的地を設定せずに散歩をする意味がわからない。どっちに向かって歩くのか、どこの角を曲がるのか、いつ引き返すのか、それらは何を基準に判断していくことになるのか？

目的のない散歩は、そこに投下したリソースを無駄にするばかりか、どれだけ無駄にするのかすらわからない行為です。

そもそも、当てのない散歩という究極に非生産的な行為を選択する人間がいるなんてことを想像したことがありませんでした。

「こいつとは無理だ。何もかもが違いすぎる」と考えて別離を選択してもよかったのですが、それはムリでした。大好きだったのです。愛してしまっていた。

だから、時間をドブに捨ててやろうと思いました。自分の信条や価値観をいったんペンディングして、彼女の意向のためにこれからの時間（それは定量的に示されていない）を捧げよう。私はそう覚悟し、当てのない旅路に向かったのでした。

この当てのない旅路が、存外楽しかった。

穏やかな気候、なんてことない会話、目についたコンビニでおやつを買い、食べながらまた歩く。適当な角で曲がり、しばらく歩いてまた曲がる。いつもは気にも留めなかったものが目に入ってくる。目的をもっていては入ってこなかった情報が目に入ってくる。そして、この意味のない時間を共有できる存在がいるという事実の温かさ。おそらく、私は生まれてはじめて「人生の幸せ」を体感したのだと思います。

身体を包みこむ、柔らかな風のような、祝福の歌声のような多幸感。感じたことのない、視野が一気に開けていくかのような感覚。それは、これまでの自分がいかに矮小で小賢《こざか》しい存在であるかを思い知るのに十分な体験でした。

昨日までの自分の全否定。しかし、決して悪い気分ではない。暗い牢獄から解き放たれ、数年ぶりに日の光を浴びたような解放感。妻が私に与えてくれたのは、世界の広さと美しさでした。そして、同時に寛容の意味も教えてくれたのです。

寛容を身につけて成長につなげる

寛容が発揮される場合は、発揮するほうがなんらかの我慢をしている状況です。我慢して受け入れる。寛容の獲得には時間がかかります。でもその過程は、成長に向けての跳躍といえるでしょう。

そして、寛容は単なる優しさとは違います。**これまでの自分の価値観の一部を抑制し、新たな価値観を受け入れる覚悟と勇気をもたなければなりません。**

成長を望み跳躍を行い、寛容を獲得できたなら、それはもう以前とは別人です。寛容な人は、他者の思考・性向を受け入れることで、つねに新しい風に包まれているのです。

さて、本題です。きっとあなたのまわりには、自分と全然似ていない、いちいち意見が合わないような人物がいるでしょう。そういう人といっしょにいるには寛容が必ず必要になります。そうでなくては関係を維持することは不可能だからです。そのときこそが、あなたの変化と成長のチャンスです。

ストレスを感じながらも、我慢して相手の意見をとりあえずは受け入れ、身をゆだねてみる。

そこで得られる視点はすべて新鮮に映るはずです。新たな刺激、新たな感触、新たな景色。「自分と大きく違う人」といっしょにいることで、生まれ変わったような体験をすることができます。

もしあなたがいまの職場のメンバーに不満をもっているとしたら、多くの成長の余地があるということです。**毎朝顔を見るたびに一日が台無しになるような、絶対に受け入れられない相手に対して「消えてなくなれ！」と内面で吐き捨てるのではなく、自分はどこまで我慢してこの人を受け入れられるか、理解できるのか、その過程でどれだけの新しい視点が得られるのか、考えてみましょう。**そうすることで、相手に対して少しずつ寛容になることができます。

そして、そんな相手に、寛容は必ず伝わります。そのうち、その相手はあなたにとって不満を感じる存在ではなくなっているでしょう。人はそのようにして成長し、味方を増やしていくのです。

異質なものを許容しましょう。相手の異質さを愛でましょう。寛容こそが、あなたの人生を拓《ひら》くのですから。

コラム① いるいる! こういう人間《モンスター》! 金融機関のヤバい人

どの会社にも変な人やヤバい人っていますよね。とくに金融機関はお金を扱うので世間から厳しい目で見られることになり、品行方正な態度が望まれます。加えて仕事も正確性やルールの遵守を厳しく求められるため、比較的ストレスの高い職種といえます。

そういう職場ほど「ヤバめの人」がいるものです。私が見てきたヤバい人を数パターンご紹介しましょう。あなたのまわりにいる「ヤバい人」が、じつはどこにでもいるのだとわかって安心材料になるかもしれません（?）。

ヤバい人① 自分大好き人間《モンスター》

ログセ「（上司の）ご指示どおりにいたしました」

自分のためには部下を平気で売る（私はこの人が部下を売るシーンを2度目撃しまし

た）。一方で仕事はできるので、顧客からの評判はすこぶるいい。また、上役に対しても服従の姿勢を欠かさず「私は従順な舎弟です」とのアピールに余念がなく、人より早く出世する。

当然、下からの評価は散々。彼にハメこまれた世代からの悪評は変わらず、いまだに恨みを忘れていない人が多数。

モンスターへの呪い「いつか大きな落とし穴に落ちろ」

ヤバい人② ネガティブ道連れ人間《モンスター》

ログセ「俺はダメなやつだから」

ネガティブが限界突破した、おぞましい何か。他者の否定が大好きで、会うといつもそんな話ばかり。加えて噂話も大好きで、なぜか人事異動の情報などを事前に入手している（たまに、その情報がありがたかったこともあった）。

噂話の広範囲への拡散も得意。自分のことは卑下する一方で、自分だけがダメだとは考えたくない。だから誰かを引きずり下ろしたいと願っている。結局この人は支店長になったが、成績は伸びず。

モンスターへの呪い「一生低いところでジメジメしてろ」

ヤバい人③　開き直り人間《モンスター》

ログセ「もう怖いもんなんてない」

早い段階で出世をあきらめ、部下の仕事のできなさ加減や教養のなさ、プライベートな話まで積極的に本部にリーク。何を言うのも躊躇《ちゅうちょ》しないし、何より道連れがほしそうにも見える。不正行為などはリークというか通報すべきであるが、それ以外の細かなことまでリークを行う。

いい社会人が「怖いもんはない」と明言した時点で、SS級のヤバい人物なのだ。決して関わってはいけない。

モンスターへの呪い「ただのイタい人だけど、それでいいの？」

第2章

脱マンネリ！
予定調和の日々をくつがえす法

自分をゲームのキャラクターと思って操作する

自分をどう動かすかという自由は、誰でももっている

月曜日の苦しみのやわらげ方

みなさんがいちばん嫌いなものを当てましょう。月曜日ですね？

少なくとも私は嫌いです。見たくもないですね。

でも、それってよく考えるととても悲しい話です。だって週7日のうち1日は確実に最悪の気分になることが約束されているわけですから。簡単に計算すると、**1年は52週あるわけで、1年のうち52日は最悪の気分でいることになります。**

52日ですよ？　本当にもったいないと思いますし、暗い気持ちにもなります。いったい誰のせいでこんなことになるのか……。

それは言うまでもなく、自分自身のせいです。

そもそも、なぜ月曜日が苦しくなるのでしょうか。

まず、大前提として仕事があるからです。「仕事大好き♡」という方もいらっしゃるとは思いますが、ここではおそらく多くの、仕事が嫌な人に向けて話を進めます。

仕事が嫌な理由は多々あると思います。怖い上司、嫌な先輩、生意気な後輩、威圧的な顧客、きついノルマ、効かない暖房、効きすぎる冷房……。理由などいくらでも挙げられるでしょう。そのなかで、「現実を痛感する」というのもあると思います。たとえば、自分の能力のなさを痛感する、とかです。

会社に行き、組織で仕事をすることは、つねに比較にさらされることを意味します。そして自分もつねに誰かと自分を比較し、彼我の差を感じて心を痛めるのです。しかも「会社に行く」選択は変更不可だということです。加えて、会社での仕事や振る舞いに対する選択肢も極めて少ない。簡単に言ってしまえば、自由がない。

転職する以外に、会社という空間と環境を変更することは不可能であり、自分の自由度も大きく制限される。自分が自分でいられない時間が待ち受けているという事実。それらが、月曜日を苦しみの象徴とするのではないでしょうか。

しかしそんななかでも、わずかながら自由度を上げていくのは可能かもしれません。そのやり方をお伝えしましょう。

仕事は「自由獲得ゲーム」

私は仕事を「自由を獲得するゲーム」だと思っています。

日々の仕事の中で実績と信頼を得ていき、昇進をして発言力を高めていく。そうして自分の意見を通しやすくし、会社で自分のやりたいことをやっていく。最終的には自分の意見がすべて採用される会社員としての「究極の自由」を得る。社会人とはそういうゲームをしているのだと考えています。

実際に実績を上げ信頼を得ていくと、自分の意見は驚くほど通るようになります。そうするとストレスも低下していきます（誰かのストレスは増加しているかもしれませんが）。自分には選択の自由があり、それを行使しても妨げるものは少ない。この状態こそが社会人としての理想であり、自由獲得ゲームの「上がり」の状態です。

このように、日々の仕事を「ゲーム」と捉えることで、あなたの人生と月曜日への憂うつはガラッと変わるでしょう。

どのゲームもたいていはキャラクターがいて、プレイヤーはそのキャラを操作してゲームを進めていくことになります。

多くのゲームは俯瞰《ふかん》的な視点で遊びます。自分の周囲が見渡せる状態ですね。自分の立っている場所や、各種のステータスを確認し、次の行動を選択しています。オープンワールド系などはとくにそうです。これは現実の自由獲得ゲームでも重要な要素です。要素というか、攻略において必須です。

自由獲得ゲームのプレイヤーはあなたです。
そして、操作するキャラクターも《あなた》です。

あなたは、あなたというプレイヤーとなって、《あなた》というキャラクターを操作しています。であるならば、あなたはキャラクターである《あなた》を俯瞰的に見る必要があります。でないと攻略できません。

キャラクター《あなた》を、プレイヤーのあなたが俯瞰的な視点から観察し、正しいアクションを選択してキャラクター《あなた》を操作していく。つまり、キャラクター《あなた》の行動を選択しているのはあなた自身です。

自由獲得ゲームのプレイヤーあなたは、すでにキャラクター《あなた》を自由に操作する権利をもっています。

当然、キャラクター《あなた》がいるフィールドは会社ですから、どんなことでもできるわけではありません。なにせゲームですから制限があって当然です。制限があるからこそ、ゲームはおもしろいのです。ですから、プレイヤーあなたはキャラクター《あなた》のプレイ上の自由度の低さにイラつきはするでしょうが、キャラクター《あなた》を操作する自由そのものはなんら変わりません。

ゲーム上の制限を受けるのはキャラクターの《あなた》であり、本体のあなたではない。

あなたは選択肢のない存在などではありません。あなたは、《あなた》の行動を決定づける選択肢をつねに保有し、それを日常的に《あなた》に対して行使しています。

その自由度と残酷さに比べたら、会社から感じる不自由さや抑圧などゴミのようなものです。

自分をどう動かすかは自分次第

月曜日が嫌だという気持ちは、自分の人生に対する当事者意識が欠けている証拠です。

あなたは、《あなた》を操作しているという自覚がまるでないのです。自分のコントローラーが会社に握られていると誤認している。もっと言えば、自分のコントローラーを会社に預けたことにして、自分の人生の「上手くいかなさ」を会社のせいにしようとしている。それでは、キャラクター《あなた》があまりにも不憫です。

あなたは、あなた自身を大切にする義務があります。

会社で働くあなたは業務上の自由度は低いかもしれませんが、どう働きどう評価されるかは、あなたの選択にかかっており、それに対しては何の束縛もありません。完全に自由です。土曜だろうが日曜だろうが祝日だろうが、そして月曜だろうが、あなたの行動はあなたが選択しています。選択していいのです。

あなたは、自分の行動を選択できるという自由をもっと認識すべきです。それは、自由な思考の解放に直結します。

会社の束縛がどれほど強かったとしても、思考までは縛れません。会社の力など、たかが知れています。休日という自由な時間から、月曜日という不自由な時間へのシフトはつらいかもしれません。しかし、**自分を操作、ひいては人生を操作するのは曜日によらず毎日行うべきであり、行っていいのです。**自由でないと感じるのは、あなたが自分で自分を生きているという当事者意識が低いから。しかしあなたは、そもそも、自由なのです。

月曜日を前にして肩を震わすあなたがいます。それは、キャラクターの《あなた》です。

プレイヤーのあなたは、新たなクエストに向けてコントローラーを強く握りましょう。どんなゲームにも攻略法はあるのですから。

会社に「あなたの代わり」がいるのはあたりまえ

暴言をいちいち気にする必要はない

じつは、気にしなくていい罵倒《ばとう》ワードがある

働いていて「言われたら死にたくなるワード」ナンバーワンって何でしょう？

- ●もう学生じゃないんだよ？
- ●いままで何してきたの？
- ●やる気、ないの？
- ●給料分の仕事してると思う？
- ●みんなの足を引っ張ってるのわからない？

こんなのいくらでも書けます。いままで聞いてきたものを書き出せばいいんですから。この本を手に取られたみなさんも似たり寄ったりではないでしょうか。

こちらを賦活しようとする意図があるのかもしれませんが、こういった煽りはたいていの場合、怒りと憎しみを増幅して終わります。ですが、そのなかでもこれは少し違うように思います。

「お前の代わりはいくらでもいる」

これはかなりきつい言葉です。こんなことを言われれば、誰でもショックを受けます。お前なんかいなくなっても困らない。そう言われているわけですから当然です。

でも、じつは**それを気に病む必要なんてない**のです。それをご説明したいと思います。それには、会社目線・経営者目線で考えてみる必要があります。

よく、従業員を「会社の歯車」と表現することがありますよね。あれはとても正しい表現だと思います。従業員一人ひとりが集まり、秩序をもって会社そのものを形づくっていく。一人ひとりが会社という大きな「機械」の各パーツであり、ひとつ欠けても機能しなくなる。従業員は重要な機能をもったパーツ、いわば「歯車」である。何も間違ってはいません。

我々は会社にいることで、単体で何か商売をするときよりも、より効率的に、より大規模な商売に参加できるようになり、より低リスクで同じだけの収入を得られるようになる。それが会社に勤務する大きなメリットです。

一方で、会社から「従業員＝歯車」を見た場合どうなるでしょうか。

予備の部品がない機械などない

ここからは、あなたが経営者になったつもりで考えてください。

経営者であるあなたの重大な使命は、会社の存続です。会社を明日も明後日も来年も10年後も存続させ、従業員に給料を支払い、従業員とその家族の生活を守る。ほとんどの経営者はこれを強烈に意識しています。これは経営者としてのミッションです。

ミッションをクリアしつづけていくためには、リスクを排除していく必要があります。大災害やパンデミックなど、一企業や個人ではリスクヘッジしきれない場合は別として、予想可能な範囲において経営者は不測の事態に備えなければならないと考えます。たとえば火事や事故については保険に加入するなど、さまざまな対策を講じています。

そのなかで強く意識されるのは、業務の持続性です。どんな状況であっても通常業務を行えるよう備えておく。あまりにあたりまえで基本的な話ですが、とてもとても重要です。

会社をいつでも通常営業できる状態に保っておく。そのために必要なのはバックアップです。最悪なのは、バックアップがない要素が社内に存在し、かつ重要な役割を担っている場合です。バックアップがない状態で、それが機能不全になった場合、もう通常営業はできません。そもそも簡単にはバックアップを準備できないから放置していたわけで、事が起こってから対応しようにもできるわけがないのです。できるのならとっくにやっていたでしょう。

経営者としては、バックアップを準備できない要素は会社にはいらないと考えます。それがどれだけ会社の成長に寄与したとしても、あまりにリスクが高すぎるのです。ですので、あまりにも特定の個人に依存した業務はやるべきではありません。**バックアップが準備できない従業員は大変に危険な存在**なのです。

経営者が必要とするのは「ある程度の訓練で誰でもできる仕事」です。そんな仕事しかなく、かつ利益を上げられる状態が経営者の理想です。ある特定の従業員しかこなせない仕事は存在してはいけないのです。

「お前の代わりはいくらでもいる」
これを正確に言い換えるならば
「お前じゃないとできない仕事はない」

となります。これこそがあるべき会社の状態であり、目指すべき場所なのです。

埋まらない穴はない

「そうは言っても、実際に私がいなければ仕事が回らない！」とあなたは言うかもしれません。

しかし、たいていの場合はカン違いです。**あなたの穴は、間違いなく埋まります。**

あなたが高い能力をもっていればいるほど、開く穴が大きいのはたしかです。では、残された人たちは、その穴に対してどのように対処するか？

まずは、シンプルにあなたがやってきたことをトレースしはじめます。残された資料やツールを使用し、見よう見まねでおっかなびっくりあなたの仕事をなぞっていきます。

はっきり申し上げて、これでほとんどの穴は埋まってしまいます。

会社の業務は、末端では個人のアクションにより構成されていますが、売上の土台、信用の

土台は会社そのものが保有しています。つまりは「看板」です。多くの顧客は担当者ではなく会社を信頼して取引をしています。ですので、あなたではない担当者が来ても、ほぼ変わらない取引をしてくれます。またバックオフィスの業務などは何の問題もなく埋まります。

また、会社内部についても同様です。あなたほどの知見をもつ人がいなくなっても、あなたに近い知見、または能力をもっている人は必ずいます。そういった人材が、あなたと比較して不足する知見を自ら補完、または外部専門家の知見を借りて、あなたと同等レベルの知見を社内に再現することになります。

マネジメント面での代わりなど、それこそいくらでもいます。あなたでないほうがよかった、なんてことまである。「その人しかコントロールできないチーム・人材」なんてものは存在しません。あなたより上手にポテンシャルを引き出す人材はほかにいるかもしれませんし、そうでなかったら人事異動にて調整して終わりです。

心配しなくても、あなたの穴は、すぐに埋まります。勤務する会社がいまも存続しているのが、その証拠なのです。

「お前の代わりはいくらでもいる」

そんな暴言は気にするだけ時間のロスです。そう言われたら、「あぁ、この会社は安泰みたいだ、よかったな」と思っておきましょう。あるいはその言葉を担保に、さっさと転職してしまってもいいかもしれません。

「仕事ができる・できない」に苦しむことはない

運を摑む準備だけしておけ

イメージ戦略で「できるヤツ」になれるか

劣等感をもっていますか？　私はもっています。きっとあなたももっているでしょう。

私の劣等感について、少し話をさせてください。

私は金融機関に勤務しており、いまは本部のコンサルティング部門にいますが、若い頃は営業店で走りまわっており、「数字ｉｓ人権」といった世界で長いことしごかれていました。

何しろ数字しか見ない世界ですので、数字が出せないヤツはゴミ、クソ、ウジムシ、足手まとい、給料泥棒と、この世のありとあらゆる蔑称を授けられることになります。「人権」がほしければ数字を上げるしかない。数字がなければ存在価値などない。そんな思考に染まっていきます。そのなかで、もっとも貼られたくないレッテルがありました。「仕事のできないヤツ」

です。

仕事のできないヤツ。そう言われると、自分のすべてが否定されている感じがしました。数字が取れなくても、そのほかの分野で活躍できる可能性はあります。またはそのときのホットな項目に対して数字が上がらなくても、ほかの項目で上がっていればまるでダメとはなりません。少なくとも自分に対する慰めにはなります。

しかし、「仕事ができないヤツ」となると違います。これは、何をやらせてもダメだ、という烙印です。なぜなら、会社においてはすべてのアクションが「仕事」だからです。仕事ができない、というのは行動すべてに価値がなく、それどころかマイナスであることを意味します。自分の存在価値を根っこから否定するレッテル。それが「仕事ができないヤツ」なのです。

でも、**そもそも「仕事ができる」って何でしょう？**

できる・できないは仕事そのものの価値次第

仕事というのは、定義できないほど多岐にわたる業務を指します。

会社員は、会社から仕事を与えられ、多数の業務をこなすことになります。仕事の良し悪しは、その成果物であったり、過程であったり、かけた工数や時間であったりと、さまざまな要素から判断されることになります。

しかし、その仕事そのものがまったく意味がない（！）としたら、その仕事をしていた人の評価は仕事もろとも吹き飛んでしまうのが一般的です。

だからこそ、ベテランは自分が関与する仕事を厳選し、「こりゃアカンな」と思う仕事からは距離を置いたりします（汚いですが、責めるわけにはいきません。それも生存戦略です）。

「仕事ができる」の評価は、取り組んだ仕事に大きな価値があることが前提です。その仕事そのものが全然評価されていないのであれば、その仕事をどれだけ頑張ったとしても大きな評価は得られないのです。

「仕事ができる」の評価は、取り組んだ仕事の価値の大きさと、結果成功したという事実によってのみ事後的に得られるものだとしたら、「仕事ができる・できない」の評価は、その仕事にありつくことができたかどうかに極めて大きく左右されるのではないでしょうか。

もちろん、取り組んだ仕事で結果を出せば、どんな仕事であっても評価を得られるでしょう。しかしそれはファンタジーです。時代の流れが来ていないジャンルでどんなに頑張っても大きな結果は出ません。我々のような凡人ならなおさらです。結果を出すには、当人の努力以上にその仕事がマーケットに棹《さお》差すものでなければなりません。ふつうの人は北極で氷は売れません。

「いま、そしてこれから注目されるイケてる仕事」に絡めるかどうかで仕事ができるヤツかどうかの大部分が決まっていく。そこでは個人の能力は決定的な要素とはならない。つまりは運ゲーなのです。

ただ、**向こうからやってきた運を生かせるだけの準備をしておくことは強く認識しておくべきです。**

いつ来るかわからないチャンスを生かすべく、空振りに終わるかもしれない努力を絶え間なく継続する。これは自分で積みあげられます。

「あいつより俺のほうが仕事ができる」

矮小《わいしょう》かつ視野狭窄《きょうさく》に陥っている人はこう言うでしょう。そうではなく、

「あいつより俺のほうが準備ができている」

こんなふうに日々思えるよう、努力するのが精神的にもよいと思います。

運が向いてきたときに準備が足りないと、「仕事ができる」との評価を取りこぼします。人を気にする前に、自己研鑽を継続する。それは結果として、「仕事ができる人」と称される近道になるでしょう。

現場の意見は聞くな

「自分はどうしたいか」ありきで動く

角《かど》のない施策は何の役にも立たない

「これから全店を回って、現場の声を聴いていく」

彼は、最初のミーティングでこう言いました。

人事異動で新たな人員が赴任してきました。彼にはこれまでになかったポストがあてがわれ、新たな施策の策定が命じられました。ほぼゼロベースでミッション達成へ向けてのビルドアップが必要となる大変な仕事です。

そんなミッションを課せられた彼は、最初のミーティングでそう言ったのです。

現場の声を聴く。経営改善でよく聞くフレーズですし、おそらく間違いではありません。しかし、私は彼と同じようなミッションを遂行してきましたが、どうも違和感を拭いきれないのです。

はたして、現場の声は聴くべきなのでしょうか？

ビジネスにおいて、顧客の声を聴くのは基本です。そして顧客と直接対応しているのは現場であり、現場の意見を聴けば顧客の意見を聴くことになります。これは大切なことです。しかし、そこに隠れた弊害があることを忘れてはいけません。

というのも、顧客は基本的にわがままであり、またそのわがままさも千差万別です。ですので、現場の声を聴いて回れば回るほど、意見が衝突することになります。Aの主張を採択するとBの主張を無視するどころかBにとっては改悪となる。そこで**丁寧に現場の声を拾えば拾うほど、改善の手法が限られていくこととなり、最後には何もできなくなってしまう。**

とはいえ、何の結果も出さないわけにはいきません。でないと自分の首が危うい。結果として、角を丸くする行為が現場の声への配慮だとすると、施策は声を聴けば聴くほど丸まっていくことになります。**担当者が努力して多くの意見を聴き、それらをより多く盛りこんで出てくるのは、限りなく球に近い施策です。そしてどこにも刺さらず、どこにも引っかからず、コロコロ転がってどこかへ行ってしまう**のです。

「人の意見を聴く」は無責任な人の言い訳

しかも、さらに問題があります。現場の声を聴くという行動は、単なる責任逃れになりがちなのです。
冒頭の彼が、成果物に対する責任を極力回避したいと考えた場合、どのような行動を選択するでしょうか？　ポイントは自分の意思・意見を盛りこまないことになるでしょう。たとえば、こんなプレゼンであれば責任回避できそうです。

「今期の数値目標の達成に向けて、まずは現場である営業店のヒアリングを行いました。その結果、顧客ニーズは○○にあることがわかりました。これに対し、他行がどのような施策を採用しているか調査したところ、○○というシステムを導入していることが判明し、その結果として数値が上昇していると思われます。また、システムを取り扱っている業者として○○社がトップシェアであることから、当社も同様の対応をしたいと考えます」

ポイントは「自分の意見は一切入っていない」という部分です。自分の意見ではなく多数の意見や知見のみを根拠としている。だから自分に責任はない。
そして、このロジックを成立させるために必須なのが「現場の意見を聴く」ということなのです。

責任を取ることを恐れる人間が「まずは現場の意見を聴く」というときは、よりよい成果物

を得たいという思いよりも責任回避の考えのほうが強いでしょう。みんなの意見を集約したらこうなった。間違っていたのはみんなの意見だ。施策が不調に終わったとき、必ずこの発言をするはずです。

そして自分がいかに現場の意見を網羅したかのエビデンス資料を生き生きと提示することでしょう。彼はこのときのために現場の意見を丁寧かつ真摯に聴いていたわけですから。責任を追及されるときこそが、現場の声を一生懸命聴いてきた彼の地道な努力が実を結ぶ瞬間なのです。

自分を中心に据えて爪痕を残せ

さて、まとめましょう。

現場の声を聴くことの弊害は次のとおりです。

①現場の声を聴けば聴くほど答えは出ない
②現場の声を聴けば聴くほど答えは意味のないものになりがち
③現場の声を聴くことは責任の所在をうやむやにする

経営コンサルタントはよく「現場を見ろ」と言いますし、そこから改善のヒントが得られることも多いでしょう。マーケティングの基本だとも思います。しかし、**小手先の改善レベルでなく、抜本的な改善等の大きな成果を求めるならば、まずは現場の声を聴かずに、迷わず自分が考えていたあるべき姿を実現することのみを見据えて動くべきです。**

そもそも、現場の意見という集合知よりもあなたの考えのほうが劣っている証拠は、まだどこにもありません。答え合わせは原理的に事後になりますから、当然です。始まってもいないのに答え合わせなどできるわけがないのです。

自分の意見をフルで盛りこんだ施策には、当然、あなたへの責任がついてきます。でも、それは仕方のないことです。せっかく人生の時間を投下して、0から1を生み出すべく奮闘できるというのに、責任を怖がって保身のためだけの仕事をしているなんてみじめだと思いませんか？

あなたが全力で自分の意見を盛りこんだ施策が失敗に終わったとしても、それだけ尖った施策であれば必ず爪跡が残ります。その爪跡が、次に続く者たちにとって価値あるポイントになるのです。丸い施策では跡は残りません。転がってどこかへ落ちていくだけです。

当然、現場の意見の中にはヒントがあるわけですから現場の声を聴く利点ももちろんあります。しかし、それは最初にやるべきことではない。

まずは「自分ならどうしたいか?」という考えをもつべきです。

そのミッションを任されるということは、それなりの考えをもっているはずです。これまでの仕事で研鑽し、さまざまな知見を得る中で考えていた施策。それを発露できるチャンスは万人に与えられるわけではありません。それなのに「自分」のない、誰が出しても同じような施策を出し、そのチャンスを棒に振るなどということがあるでしょうか。機会を得たことの価値を理解すべきです。

責任というものはたしかにヘビーですが、責任に対する覚悟なくして成長はありません。**自分の仕事を意味なきものにするのは、いつだって自分の覚悟のなさ**なのです。

配属ガチャ、異動ガチャは気にしたほうが負け

どんな場所でも自分の主導権を手放すな

配属・異動という一大イベント

X《エックス》（旧Twitter）で「配属ガチャ」なる言葉が流行っていました。「親ガチャ」「上司ガチャ」に続く、季節要因を含んだ新ガチャが実装されたようです。

ガチャとは、もとはといえばカプセルトイやその販売機を指しましたが、近年ではスマートフォンのソーシャルゲーム（通称ソシャゲ）などでランダムにアイテムを得られるしくみのことを表すようになった言葉です。さらにそこから派生して「出てくるものがランダムで自分では選べない」という状況を「○○ガチャ」と表すのが広まってきたようです。

さて、配属ガチャというネーミングから、言わんとすることは痛いほどわかります。金融機関であれば「ハズレ店」ともいうべき支店が存在します。とんでもなく業務が厳しく多忙な店

や、撤退間近の日陰店。または悪名高い鬼上司の店など、その種類はさまざまでしょう。右も左もわからない新人にとって最初の店が重要なのは理解できるところです。

ですが、新入社員は入社する会社の知識などほとんどないわけですから、何がアタリで何がハズレかなど原理的にわかるわけがありません。はっきり言って考えるだけ無駄です。配属された場所で日々頑張れ。それだけです。

一方、入社して2年も経てば社内事情はほぼグリップできてきます。そうすると、どの支店・部署がアタリなのかあるいはハズレなのか、かなりの精度でわかるようになります。それくらい社内事情に詳しくなければ生きていけないからです。

そうすると今度は「異動ガチャ」に怯えることになります。

異動ガチャは配属ガチャより残酷です。なぜなら、入社して数年経った人はハズレを引くことがいかに最悪かをよーーーーく知っているからです。配属ガチャはハズレを引いてもその先に何が待っているかはぼんやりとしかわかりませんが、異動ガチャを引く頃にはハズレの先にある灼熱地獄（あるいは極寒地獄）がクリアカットに見えています。そして自分がどうやって焼かれるのか（あるいは冷凍されるのか）がリアルに想像できてしまうのです。

私が30代のとき「もっとも行きたくない支店№1」と謳われた支店への異動が決まりました。その地獄支店はストレスから女性社員が帰りに雪の中で30分気絶するレベルのもので、なかなかのものでした。だから全社員が絶対に行きたくないと念じていました。そういう最悪のハズレが見えている中での異動ガチャは、たしかに一大イベントといっていいでしょう。

ですが、**異動ガチャだの配属ガチャだのを本気で気にすることは大変に間違った行為です。**なぜなら、それは**「他人の人生を生きることになる」**からです。

「クソ上司の言いなりにならなければいけない」理由はない

地獄店が地獄である最大の要因は上司でしょう。上司がクソであれば地獄となり、上司がまともであれば成長でき、精神的にも安定できる。まぁ、これは否定できません。

とはいえ、異動先の上司の良し悪しによって自分の行動が変わるというのはどうなのでしょうか？　何かおかしいとは思いませんか？

仕事はたいていの場合、みな自分の人生のためにやっています。誰かのため、という考え方も否定しませんが、多くの人は自分の人生を進めていくため、よりよきものとするために取り組んでいるはずです。

仕事は「目的」ではなく「手段」である。これはよく言われることです。

手段である仕事には、本来であればそこまで入れこむことはないのかもしれません。入れこ

むべきは目的のはずです。そうですよね？　ですがクソ上司の下では、恐怖感から仕事が第一になっていきます。言わずもがな、それをクソ上司が望むからです。

そうすると、日々は仕事に塗りつぶされていきます。休みの日も仕事のことばかり考えてしまいます。とても休まりません。平日は夢の中まで仕事です。

仕事が目的となり、自分の人生が仕事を行うための手段となる。平成の時代にはあたりまえに起きていた逆転現象です。

しかし、これは誰がどう考えてもおかしい。

たとえクソ上司の地獄で働いていても、手段と目的の逆転は許容すべきではありません。それは人生を台無しにします。自分の人生を生きられなくなってしまう。それは絶対に回避すべき悲劇です。

そもそもガチャというのは、自分の努力が一切反映されないシステムです。スマホのソシャゲにおけるガチャはすべて確率に支配されており、プレイヤーの努力が介入する隙はありません。課金して数多く回せば確率が上がる、それだけです。

つまりガチャ思考とは、100％運命に流される思考だといえます。**「配属ガチャ」「異動ガチャ」に囚われている人は、異動先の上司に人生を丸投げしているようなもの**です。

何をするかも、何を選択するかも、何を思考するかも上司次第。判断基準は上司にあり、上司の不興を買うことを絶対に避け、上司の機嫌が最大の関心事になる。上司が望むものを献上し、上司が生きやすいように生きる。

それはもう、上司の人生を生きているのと同じです。私が先に「他人の人生を生きることになる」と言ったのはそういうことです。

ガチャなんてものを迂《う》闊《かつ》に信用し、一喜一憂するあなたは、自分の人生を生きることは間違いなくできないでしょう。そんな人生を送っていいはずがありません。では、そうならないためにはどうしたらいいのでしょうか。

自分の人生をきちんと思い描け

まずは、自分の向かう先をしっかりと見据えることです。

あなたの目指す方向をあなたが決めてしまえば、あなたの人生の主人はあなたです。そうなれば、異動ガチャなど気にならなくなります。たとえば資格を取得する、出世を目指す、転職を目指し実績づくりをするなど、日々の生活にはっきりとしたベクトルを設定することで、自分がやるべきことが明確になります。そうなればどこへ配属となっても、どんな上司の下であっても、簡単に他人の人生に染まることはなくなります。

クソ上司は変わらず厄介かもしれませんが、少なくともクソ上司の人生を生きることはなくなります。進むべき方向を見据えている部下は、クソ上司には牙をもった存在に映り、支配下に置こうとは思わなくなるからです（↓65ページ）。意志ある部下を不当に扱うのはクソ上司にとって大変リスキーな行為ですから。

自分で自分の人生を決める意思がある人物は、環境からのマイナスの影響を大変受けにくくなります。

「ガチャ思考」は徹底した依存の思考で、自分の人生の主導権を誰かに明け渡す思考にほかなりません。それは誰かの人生を生きることへ誘います。配属ガチャや異動ガチャに怯えている時間もまた、誰かの人生を生きている時間なのです。

せっかく一人の人間として生まれたのに、誰かの人生を生きることほど残酷なことがあるでしょうか？　そんなクソッタレな事態に、あなたは耐えられますか？

ガチャなど無視して、直接人生を摑みに行きましょう。アタリを祈ると両手がふさがります。祈るのをやめて、手を動かすのです。

清々しく、自分の人生を見据えて生きていきましょう。きっと、できますから。

ちなみに、私が在籍していた地獄支店ですが、結果的に私が支配しました。全店で最悪と言われたトップがいましたが、全権委任を勝ち取り、好き勝手させてもらいました。その上司はいま役員となり、いまだに私を尊重してくれています。

外部業者であるかのように振る舞え

能動的人材になるための第一歩

「言われたことをこなす」真面目さだけでは生きられない

先日、あるインフルエンサーの発言に衝撃を受けました。意訳して書いてみます。

〈「真面目に働く」の定義はこれまで「遅刻せず、言われたとおりにやる」ことだったが、今後は「価値あることを自分で考えて見つけ、そして提供すること」を指すようになる〉

真面目に働くことの定義が変わってしまった。それは私もうっすら感じていることでした。それが明確に述べられていたので驚いてしまったのです。できれば、そこは変わってほしくないと思っていたからこそ、変化に対して意図的に鈍感になっていたのかもしれません。

これまでの「真面目さ」とは、先ほどのインフルエンサーの発言を借りれば「遅刻せず、言われたとおりにやる」となりますが、これは従業員、つまり被雇用者としての立場を前提とした話でしょう。大雑把にまとめてしまえば、**これまでの社会においての「真面目さ」とは集団行動を乱さないことであった**といえます。

集団行動はとても重要です。仕事は団体戦ですから統率がとれていなければ勝てません。全員が一体となり、比較優位によりそれぞれの強みを生かすことで会社の勝率は上がります。また、金融機関においては近年、監督官庁から「ガバナンス」をうるさく言われます。トップの経営方針が末端まで浸透しているかどうか。それこそが利益体質への転換のキモであるとの論調がとても強い。お国も強固な集団であることを重要視しているように感じます。これには一定の説得力があります。

となれば、ルールを遵守し、列を乱さない「真面目な」人材が重宝されるのも当然です。「真面目な」人材が企業の土台を形成している。これについて反論の余地はないように思えます。しかし、その「真面目さ」がこれまでどおり報われるかは別問題かもしれない、ということです。

これまでの「真面目」という概念は、どちらかといえば、仕事というよりは勤務する企業に対してアピールされるものでした。しかし、**これからの企業はそれを重視せず、ジョブ、つまりは期待される職能に対して真面目であることを求めてくる**でしょう。これまでのような会社への真面目さだけでは、会社からの信頼を得ることは困難になっていくのかもしれません。

では、そんなこれからの世の中を生き抜くために、どうしたらいいのでしょうか。

会社の中で個人事業主となって動く

まわりに波風を立てない「真面目」なだけの受動的な人材は不要であるとの流れの中では、まずは**能動的な人物になるべき**でしょう。

では、能動的な人物とはいったい何か？　それは**自分で考え、自分で行動を起こせる人**です。そんな人材になるためには、**市場と自分自身を徹底的に観察し把握する必要があります。**つねに市場をガン見する。一方で自分は何ができて何ができないかを客観的に分析する。そのうえで行動を決めていく。そして必ず行動に移す。具体的にはこういうことです。

行動に移すにしても、いきなり脱サラしてラーメン屋とか、そんな大それたことをする必要はありません。まずは、自分が勤務する会社の中でどれだけ価値を提供できるか、そこからです。会社を顧客とみなし、どれだけ満足させられるか。その意識を強くもつことから始めるべきです。遠回りに見えますが、これが最高の近道なのです。

たとえば、上司を取引先の社長と仮定してみましょう。そうすることで上司への応対は劇的に変化するはずです。一言一句取りこぼさないようにするのはもちろんのこと、相手のニーズは何かを徹底的に分析するようになりますし、これからも取引を継続してもらえるようベストな対応を心がけるようになるでしょう。身内であることの甘えはなくなり、緊張感のある日々を送れるはずです。また、その裏面では、この相手（上司）は今後自分にとって有益な取引先でありつづけるのか？　コストをかけるだけの価値はあるのか？　といったパフォーマンスについても考えるようになるでしょう。取引先の査定は商売において重要な要素ですから、シビアな視点をもつことも重要です。

　このように、**会社の中において自分を個人事業主と設定し、まわりの上司や同僚を取引先とみなすことで、能動的な思考に変化させることは十分可能**なのです。

　従業員だけれど、まるで外部業者のように振る舞うことを徹底し、社内での評価が上がったのであれば、転職や独立など次のステップへトライしてもいいでしょう。一方で、社内での評判が上がらないようであれば、あなたには実力が足りていません。さらなる研鑽を行うべきですし、迂闊に転職・独立すると高い確率で失敗することになります。

　せっかく従業員として勤務しているなら、自分が能動的人材になれるかどうか自社でテストしてみましょう。**会社を顧客と設定し、そのうえで自分はどんな価値を会社に提供でき、成長に寄与できるか？　そんなゲームから始めるのがベストです。**

会社と従業員の関係性はこれから激変していくはずです。そんなかで、ただ「真面目」であるだけで生きていけるわけがありません。

国全体が成長傾向にあれば、決まったことをしているだけでも給料は上がりました。しかし、もう終わってしまったのです。これからは会社に仕えて人生を組み立てるのではなく、自分に仕えて能動的に人生を組み立てる時代です。

自分に対して真面目に生きて、成長し、自分の責任でステークホルダーを幸福にする。会社は真面目さをアピールし長く仕える対象などではなく、自分の能動的な働きかけでより幸せにする対象として捉えていくべきなのです。

自分に何ができそうかを考える。暫定的な答えでもアクションを起こしてみる。多くのトライ・

アンド・エラーをする。
それを「真面目」にくり返す。
これからの時代に求められる真面目な人材とは、そういう人材です。

日々の中に「不確定要素」を入れこんでいく

マンネリの日々に彩りを取り戻せ

回し車で走りつづける日常

同じ会社で10年前後勤務していれば、たいていのことはわかるようになります。
それは業務に関することも当然ですが、その会社に勤務した場合のキャリアプランも予測がつくようになってきます。何歳で昇進し、この役職でこの年齢なら年収はこれくらい。で、60歳で定年退職したときの退職金はこれくらい……。

営業成績で給与がジェットコースターのように乱高下する特殊な会社でもない限り、勤務しつづけた場合のレールというのは見えてくるものです。もちろん、年功序列や終身雇用は急速に陳腐化していますから、レールがあると認識するのは大変にリスキーです。でも、予測してしまうのが人間というものです。

予測ができるほど自分の会社についての理解が進むと、これまでは新鮮みを感じて行っていた仕事や会社員生活が退屈に感じられる瞬間がやってきます。私の場合、それは「ノルマ」を通じて感じることとなりました。

金融機関は毎期ノルマが課せられますが、やることはほとんど変わりません。毎年ほぼ同じ項目を追いかけます。変わるとすれば量であり、それは基本的に増加していきます。

若い頃は数字を追うのが一種のゲーム感覚となり、ゲームクリアに近づくための戦略を検討したりするなど、つらいながらも新鮮な手応えがあるものです。また、数字を上げたことにより上司・同僚が喜んだり褒めてくれたりすることもやる気を増進させてくれます。しかし、どんな刺激もいつかは慣れてしまいます。

10年ほど同じような業務を行い、同じようなノルマを消化していると、心が全然動かなくなります。一方で効率は上がっています。若い頃とは比べ物にならないくらい効率的にノルマをこなせるようになっている。生産性は上がっていて言うことなしです。しかし、心はつねに冷めている。

これは、平たく言えばマンネリです。私はこの現象に明確なイメージをもっていました。それはハムスターです。

ハムスターは基本ケージの中で飼育します。ハムスターを飼うときの鉄板のアイテムは、回し車です。中でハムスターが走るとグルグル回転するアレです。

私が以前飼っていたハムスターはこれが大好きでかなり遊んでいましたが、どれだけ走っても前に進むことはありません。ケージの中で、同じところを、同じ高さで走っているだけです。

金融機関の仕事も、極論を言えば、似たようなものです。

どれだけ頑張ってノルマを達成しても、1年経てば同じ（または増量された）目標が与えられます。目標はサプライズ的に与えられるものではなく、それこそ1年前からでもある程度予測できてしまいます。毎年4月になると、まるで1年前にタイムスリップしたような感覚になります。

「また、同じ1年が始まる。そして、来年も同じ1年が始まる……そのまた来年も……」

同じ場所で同じ車輪を回している1年後、2年後の自分が見える。そんな幻に襲われることになります。

仕事に真摯に取り組んでいる人ほど、同じような1年が続くという飽和状態に早くたどりつきます。人は刺激に慣れ、作業に慣れ、できるだけストレスなく日々の行動を行えるよう最適化していきます。その極致は「何も考えなくても仕事ができてしまう」でしょう。そこに到達してはじめて、継続性が十分に担保されることになる。ですが、**そこはノーストレスで安定した世界に見えて、じつは思考停止の世界**です。同じ場所をグルグルと回るだけですから。

仕事に真摯に取り組み、自己研鑽を行う人ほど、早く思考停止の極致にたどりつきやすい。哀しい話だと思いませんか？

彩りある日々にするための3つの方法

では、思考停止の世界に行かないようにするにはどうしたらいいでしょう？　もしあなたが自分を回し車の中のハムスターのように感じたら、「新たな刺激を注入する時期が来た」と考えるべきです。新たな刺激の入れ方はさまざまですが、ここでは3つの方法を例示いたします。

①興味の湧いたものに手を伸ばしてみる

仕事でも趣味でもかまいませんが、自分がピンと来たものに挑戦することがおすすめです。あなたはこれまでの忙しい日々の中で、おそらくは仕事を最優先にしてきたはずです。その姿勢を少し変えて、会社ではなく自分がしたいこと、してみたいことに時間と心を使用することで新たな刺激を得ることが可能です。

②自分が「いつかやる仕事」を研究する

職場において、「自分はまだできないけれど、上司はやっている」という仕事があるはずです。その仕事は将来自分がやることになる可能性が高いでしょう。ですから、その仕事を先取りしていく意識をもちましょう。上司の手伝いをするのがいちばん効率的ですが、それが不可能な場合は成果物をしっかりと読みこむなどして観察し、理解を深めていくのです。そのうち、いまの自分には何が足りないのかが見えてきます。それは新たな課題設定につながり、あなたをマンネリから脱却させるはずです。

③転職活動をする

会社や業務が嫌いでなくても、仕事にマンネリを感じたなら転職活動をしてみるのもアリです。職場を変えることはマンネリから脱するシンプルで効果的な手法です。私は転職をしたことはありませんが、転職していった元同僚たちから「戻りたい」との声はないことから、新たな刺激の中で納得して働いているのだと感じます。転職先から受けるプレッシャーと、求められる能力の獲得に追いかけられるのはしんどいかもしれませんが、間違いなく刺激的な環境が手に入るはずです。

これらはつまり、効率化しマンネリ化した日々を、自分の手でわざわざ「不確定」にさせていくということです。不確定な日々は、決してラクなものではないでしょう。ハムスターも、ケージの外では誰も安全を保障してくれませんから当然です。

短くはない会社員人生を死んだように生きてはいけません。また、全力で走っていても同じところから出られないような生き方もすべきではない。**自分で自分をあえて不確定にしていく。**その意識をもつことなくして、マンネリに陥らず、日々をわくわくと過ごすことはできないのです。

誘われたら、ひとまずやってみる

自分の想像の範疇《はんちゅう》で自己投資するな

未来を読みきろうとしても無駄

人生は効率的に生きるべきである。そんな話を聞いたことがあると思います。

日々のマンネリを脱するために何かを始めたい。新しい世界にダイブしたい。しかし何かを始めるにあたっていざ動き出そうとしたとき、ある疑問が湧くことがあるでしょう。

「コレを選択して、時間をかけることが正解なの？　もしかしたらコレに時間をかけるのはとんでもない浪費になるのでは？」

人生の時間は有限です。**よりよい日々を信じて何かに時間を投下していくのは、一種の投資であるといえます。**有限な時間の中で投資するモノ・コトについて、慎重な姿勢になるのも無理はありません。

では我々はどうやって投資する先を決めればいいのでしょうか。

投資対象を選択するときは「査定」を行う必要があります。どんな投資にもリスクとリターンの概念があります。自分が投下する元本には、運用中どれだけの振れ幅があるか？　その結果得られる便益はどれくらいか？　それらを査定してから実際に投資するかを決めることになります。

しかし、このとき、**投資するモノ・コトについて、査定しきれると考えないことが重要です。**

あなたは人生を良化するような、いまとは違う自分になれるようなモノやコトを求めている。そうですね？　そのモノやコトを手にしたとき、あなたはいまとは違う自分になっているはずである。ということは、この投資物語の登場人物はふたりになります。

いまのあなた（A）、そしてモノやコトを手にしたあなた（B）、です。

当然、モノやコトを手にしたあなた（B）は、いまのあなた（A）よりも成長しているはずです。であれば、成長したあなた（B）はいまのあなた（A）とは別人です。

ここで問題が生じます。成長し別人となった「あなた（B）」の価値を、「いまのあなた（A）」が査定できるのでしょうか？

成長の前段階の自分は、成長後の自分の価値がわかりません。であるならば、**「いまのあなた（A）」が、どんなモノやコトに投資するのが正解なのかを査定することは不可能なのです。**

他人はあなたの優秀な査定者

「そんなことを言ったら、どんなことに投資するのがいいかなんてわからないじゃないか」

あなたはそう言うかもしれません。そうなのです。そもそも、わからないものなのです。**人は無駄を恐れますが、未来がわからない以上、完全に効率的になんて生きられるわけがない。**

では、どうするか。

成人して社会人をやっていると、いろいろなお誘いを受けることがあります。

会社の同僚からサッカーや野球に来いと言われたり、上司や取引先の社長からゴルフに誘われたり、イベントに招待されるなど、さまざまなお誘いを受けることがあるでしょう。気が乗らないお誘いなんかはつい嘘をついて回避したりするものです。

ですが、**お誘いを受けるというのは、変化への扉を提供されたことに等しい。それはチャンスでしかありません。**

外部から提供された「変化への扉」は、たいていの場合、いまの自分では査定しきれないものでしょう。未体験のものとはそういうものです。査定しきれないから遠ざける、というのも安全な人生を送るうえでは悪手ではありません。しかし、あなたが変化をしたいと望むのであれば、査定しきれないものにダイブしてみるしかありません。躊躇《ちゅうちょ》し、いたずらに人生を浪費していると感じているならなおさらです。

自分のもとにやってきた機会をよきものと信じて選択してみる。つまり、「ご縁」を信じてみる。

　これは決して思考停止の結論などではありません。「縁」というのは信じるに値する概念です。

　誰しも自分を高精度かつ客観的に分析することはできません。どうしても主観が入り、バイアスがかかってしまいます。なので、他人の目を利用し自分を査定することが重要です。他人は当然、他者を客観的に見ることが可能です。だから相談という行為はそこかしこで頻繁に行われています。

　友人が、同僚が、上司が、取引先が、あなたを何かに誘う。それは**「あなたにとって悪くない体験になる」との判断で行っている場合がほとんど**なのです。

　見るからに運動が苦手な体型で、話した感じも内向的な人物をチームスポーツに誘うことはないでしょう。その人にとってつらい体験になりそうだからです。逆にゲームやコミケに誘うかもしれません。他者は、あなたをよく見て誘いをかけています。他人は、あなたよりもあなたの査定者として優秀なのです。

　であればその査定者からの誘いには、自分ではわからない、自分にとって有益な何かがある、

そう判断する。そのような声かけを、信じてみる。

それは、あなたがこれまでに積みあげてきた人生の時間の中で、他者との関係性を維持できたからこそ発生した「お誘い」であり、発生した時点ですでに練りあげられた「結果的に正解となる投資」となる可能性の高いものなのです。未知のリスクやリターンを計算するより、このご縁を信じてやってみることをおすすめします。

1度やれば、次は2度目になる

たくさんの1度目経験者になれ

「1度目経験システム」の恩恵

あなたは「進次郎構文」を知っていますか？
進次郎構文とは同じ意味の言葉の反復を定型として、小泉進次郎《こいずみしんじろう》氏のキャラにかぶせて（小馬鹿にして）時代や流行を揶揄するものと私は捉えています。これが本当におもしろくてクスッとしてしまいます。そのなかで、思わずハッと息をのんでしまうネタに出会いました。

「1度やれば、次は2度目になるんです」

1度やれば、次は2度目になる。あたりまえです。しかし、このシンプルな理論に、マンネリ化した現状に漠然とした不満や危機感を抱えている人にとって、現状を変えるための重要な

ヒントが含まれていると感じました。

多くの人は、「やってみないとわからない」ということを体験したことがあると思います。それは何もレアな経験だけの話ではありません。

春の桜満開の中でのお花見の楽しさ。真夏に清流に飛びこむ気持ちよさ。秋の紅葉に包まれながらの散歩。鮮烈な白と青の世界の中でのウィンタースポーツ。

そんなに気合を入れずにできる体験でだって「やってみてはじめてわかった」となることがあります。我々は人生の中で多くの経験を積んでおり、経験を通じて楽しさや苦しみ、悲しみなどを学んでいきます。よって、体験の種類や回数に比例して感情が揺さぶられ、そして知見が増えていくことになります。

そういう視点に立つと、義務教育というのはよくできています。

児童生徒それぞれの個性を意図的にある程度無視して、一定の種類と量の経験を全員に与える。その結果、**人生における多くの局面が「2回目」となり、いきなり直面して混乱するリスクを軽減しています。**

たとえば、苦手な科目に対する「やり過ごし方」などは、そのまま社会人でも活用できます。熟達していない仕事を与えられた場合でも、それなりの形に収める、というのは苦手科目を問題ない水準の点数に収める作業に似ています。逃げたいけれど逃げられない、だから無理なく最小構成でなんとかしていく。いわゆる「当たり障りのない逃げ方」を学べます。体育も「1回目の体験」をさせる面は強いと思います。あらゆる競技をひと通りやらせてみて「自分は何が嫌いか」を感じてもらう。もう人生で触れたくない、あるいは触れるべきでない競技が判明するのは、けっこう重要なことです。

何が嫌い・苦手かは、何が好き・得意かと同じレベルで知っておくべきことです。嫌い・苦手なものに時間という貴重なリソースを投下するのはかなりの無駄で、その無駄を回避できることはとても価値があるはずです。

義務教育ほど、長年培ってきたリスク管理のもとで多種多様な経験を安全にできるしくみはありません。社会人になってから、あれほど多様な経験を安全にすることは不可能でしょう。1度やることで、好きか嫌いかがわかる。そして2度目に直面したとき、その経験が生きてくる。我々はその恩恵を、おもに社会人になって享受することになります。

「1度目」からの逃げがマンネリを生む

さて、学校を卒業し社会人になり、「1度目経験システム」から解き放たれてしまったらどうなるのでしょうか。

社会人になると、休日は何をしてもよくなります。部活や塾に行く必要はなくなります。

大学進学した人とそうでない人では若干の違いがあるとは思いますが、社会人になって、いきなり休日に予定がなくなる人は多いのではないでしょうか。

そこで、新しく何かを始めようと思っても、なかなか行動に移せないものです。社会は学校とは違い、基本的に個人の自由の裁量は大きいですが、仕事以外で新たな経験をさせてはくれません。なので、日々をただ漫然と過ごしていると驚くほど新しい経験ができなくなります。気がつけば、長い期間ほとんど変化のない日々を過ごしていた。そんなこともあるのです。

新たな経験をしなければ、どうしても日々はマンネリ化していきます。それでは大きな成長や新たな人生の喜びは手に入りづらいでしょう。社会人こそ意欲的に「1度目」を求めてアクションを起こす必要があるのですが、予算や時間や心理的な抵抗感から、「1度目」の壁は意外と高いものです。

しかし、「1度目」を越えてしまえば、2度目以降の抵抗感は大きく低下します。体験した時間は少ないとしても、もう未知のものではない。その事実は心をラクにします。利用したことのないレストランに入るのはちょっと抵抗があるものですが、1回使ってしまえば次からは入りやすくなるのといっしょです。

1度目を越えてしまえば、あとはラクになる。これを知ることで新たな挑戦への抵抗感が減少する。**今後の人生においてマンネリを予防していくためには、まず1度目にダイブすること**

が重要なのです。

「1度目」をした人しかわからない世界がある

1度目に挑戦することのメリットは、マンネリからの脱出だけではありません。1度目を経験した領域に属する人と話せるようになるのです。

そんなのあたりまえじゃないか。あなたはそう言うかもしれない。たしかにあたりまえです。でも、「これまで関わっていなかった領域の人たちとコミュニケーションが取れるようになる」のはとんでもなく大きいことです。

その行為を1度体験すると、自分なりの感想が生まれます。その感想をもって話せば、その領域にいる人たちは必ず話を聞いてくれる。あなたの感想が幼稚であろうが浅かろうが問題ありません。重要なのは「体験から出た感想であるかどうか」なのです。自分たちの領域に飛びこみ、体験してくれた。そこから出た感想には相手にとって多くの価値が生まれます。

どんな人でも仲間を求めます。我々はつねに誰かに仲間と思われたいし、仲間を増やしたいと思っている。自分たちの領域にダイブしてくる新参者がいる。それは受け入れ側にとっては「承認された」というサインです。自分たちを認めてくれているからこそ飛びこんでくれた。そう感じ取ります。だからこそ、あなたと話をしたいと思うのです。

その前提に立てば、あなたの感想が幼稚だろうが浅かろうが関係ないことがわかるでしょう。

1度目をクリアすれば、あなたはもう仲間への切符を手にしています。**仲間が増えることはシンプルに人生をカラフルにします。それはあなたの世界を確実に広げていくことになるでしょう。**

仕事と家庭を往復する日々はどうしても単調になりがちです。そして、そんな日々がくり返されるうちに、そこから外れるアクションを敬遠するようになります。社会人は流されているだけだと、どうしてもマンネリに染まっていくのかもしれません。**あなたがマンネリから脱したいのならば、自分の意志で「1度目」にダイブする必要があるのです。**

飛びこんでみましょう。1度目の結果を笑う人はいません。それどころか今後の人生における心強い仲間ができるかもしれません。重い腰を上げましょう。2度目以降はラクになりますから。

タコツボムラ社会を壊すバカであれ

クソ化した組織で空気を読む必要はない

問題を見て見ぬフリして安穏としたい日本人

２０２１年6月15日に株式会社みずほフィナンシャルグループと株式会社みずほ銀行が連名で「株式会社みずほ銀行におけるシステム障害にかかる原因究明・再発防止について」という報告書をリリースしています。

以下にその報告書の一部を抜粋します。

(4)「企業風土」に係る課題

本障害という有事において、自らの持ち場を超えた積極的・自発的な行動によって、問題を抑止・解決するという姿勢が弱い場面がしばしば見受けられた。また、障害の内容・顧客への影響の全容が完全に明確ではない時点において、リスクがあるものとして、発言し行動することを控えるような状況も認められた。
役職員にこのような積極的・自発的姿勢が欠ける要因としては、積極的に声を上げることでかえって責任問題となるリスクをとるよりも、自らの持ち場でやれることはやっていたといえる行動をとる方が組織内の行動として合理的な選択になるという企業風土があるためではないか、と思われた。

よくこんなどうしようもない内容をキレイな文面にできたなと、第三者委員会のメンバーに感心します。

簡単にまとめますと、

①自分の仕事以外はしない　②リスクは意図的に隠ぺいする　③保身第一主義

といえそうです。はっきり言ってどうしようもない組織なのですが、いったいどれだけの会社員がこれを嘲笑できるというのでしょうか。この報告書を読んだときに、おそらく多くの会社員は、

「うちの会社と似てる」

と思ったのではないでしょうか。このような性質は日本のどの会社にもあると思います。

狭くて無難なタコツボムラ社会

日本の会社組織はたいていクソ化していきます。その原因は、あくまで持論ですが「タコツボムラ社会」であることではないでしょうか。

まず、「タコツボ」についてですが、これは**会社員が「いまの会社を退職すると生きていけない」と、いまの会社以外の選択肢をもたずに過ごしている**ことを指します。通常業務が忙しく、また休日は家族サービスや心身を休ませるために費やし、具体的なキャリアプランの策定や転職活動の準備にまで手が伸びず転職の可能性から遠ざかり、ますます会社に縛りつけられていく。このパターンは多いと思います。私もそうです。

私は20代から30代終盤にかけて仕事に追われており、家に帰ってもゲームくらいしかやる気になりませんでした。将来を考えるとか自分の市場価値を探るとか、頭にストレスがかかることなどやる気にもなりません（出世するための資格の勉強は仕方なくしていました）。休日は子どもの世話、子どもが大きくなると習い事や部活の送迎。何しろ腰を据えて考える時間がないのです。これはめずらしいことではないでしょう。

日常業務やプライベートが忙しく、選択肢としての転職を常備できている人は少ない。多くの人が自分の可能性を丁寧に検証もせず、多忙を理由に自分から選択肢をつぶし、会社に自分を沈めていく。そうやって我々は積極的に自分をタコツボに押しこんでいるのです。

そして日本の会社組織のもうひとつの特徴として「ムラ社会化」があります。

そもそも会社の構成メンバーは終身雇用という価値観のもと、人生をその会社に投じる覚悟で入ってきますから、会社内で排除されることは死活問題です。また学校と違い、卒業というリセットイベントはありませんので、構成員からハブられでもしたら、地獄の時間は半永久的に続くことになります。これは想像するだけでも胃が痛くなる事態でしょう。

仕事での大きな失敗や、反抗的態度を取ることは、それがどれだけ正義に基づいたものであったとしても、まわりから要注意人物とのレッテルを貼られることがあります。そうなると、昇進のタイミングが遅れたり、部下からも信頼されなくなったりして組織での自分の価値が大きく毀損《きそん》されることになるのです。また、一度定着した評価を変えることは至難の業です。それこそ、別人になるくらいの覚悟が必要です。

こんな環境では、**会社内で調和を乱さず無難に過ごすことが最優先事項になる**のは当然です。会社内で波風を一切立てないことが生存戦略として最適なのです。

こんなふうに、「タコツボ」と「ムラ」のあわさった日本の「タコツボムラ社会化」には、それを簡単に否定できない合理性があります。

声の大きさと思いきりをもって英雄になれ

さて、そんなタコツボムラ社会に必要なのは、どんな人物か。

それはずばり、**「声の大きい、後先考えないバカ」**です。

これだといいささかシンプルすぎますので、少し解説します。

まずは、**発言力があること。**業務上優秀であることは必須で、部下後輩よりは役員上司から一定の評価を得ている人物が望ましい。そのうえで課題解決に大声を上げることではじめて、具体的なアクションが起動していくからです。**人がついてくるというよりは、そのソリューションに信憑性をもたせられるかどうか、そこがポイントです。**課題解決後の世界をいかに「よさげ」に見せられるかは、提案者の信頼度にかかってきます。社内での発言力がある人の発言は「大声」と捉えられますよね。社内に響き渡るほどの声の大きさが必要でしょう。

次に、**後先をあまり考えない人物であること。**

タコツボムラ社会では、考えれば考えるほど最適解は「何もしない」になります。頭のいい人ほどその結論に到達することになります。切れ者なのに、大きな経営課題には取り組まない人っていますよね？　みずほ銀行にいるのはエリートばかりのはずなのにあの体たらくであることが、これ以上ない実例といえるでしょう。

ですので、タコツボムラ社会では、自分のこれからをほとんど考えない人物が望ましいといえます。つまりは「バカ」ですね。

これは愚弄しているわけではありません。**タコツボムラ社会を打開するには、聡明な人が決意をもって、そのなかの常識では「バカ」と思われるようなことに取り組む必要があるということです。**そういった人こそ、真の英雄でしょう（つまり、みずほ銀行に英雄はいなかったわけです）。

「声の大きい、後先考えないバカ」はほとんどいません。そうなれというのも酷な話です。でも、あなたがそうなりたいと願うなら、自分の会社をよりよくしたいと願うなら、あえて困難な道を選ぶべきでしょう。私はそんなあなたをこそ応援したい。

ただ、行動に移す前に、自分が英雄として立ち回れるかをチェックすることをおすすめします。次の特徴に合致するかどうか確認してみてください。

英雄になれるかの特徴チェック

□使命感は強いほうか？　□熱血漢であるか？　□義憤を感じやすいか？
□バイタリティが高いか？　□転職が可能であるか？　□経済的余裕があるか？

組織のため、顧客のため、社会のため、正しいことを行いたいという青臭い情熱をもちながらも、能力の高さから自社を退職しても再就職に困ることはなく、経済的に余裕があってリスクヘッジが可能。こういった人物はタコツボムラ社会から放り出されてもリスクが低いため、バカになって大暴れしやすいのです。あなたがこれらの要素に合致するのなら、思いきって旗を揚げるべきです。

そんなことをする前に経営者が改革するのが先だろう。それはたしかにそのとおりです。しかし、従業員から改革の火の手が上がるほうがどう考えたって楽しいはずです。わくわくしなければ、大多数の従業員の賛同など得られません。

もしタコツボムラ社会でマンネリ化する日々なのであれば、自分でバカになって後先考えずに立ちあがり、会社を変革することがもっとも効果的です。そのアクションは間違いなく尊いものであり、結果はどうあれ大きな財産として残るはずです。

でも、リスクヘッジはしてからにしましょうね。

「消化力」を磨いていく

素晴らしい人生をつくる「咀嚼《そしゃく》力」「吸収力」「排泄力」

前向きになるには「消化力」が欠かせない

会社には、いつも前向きに生きる人がいます。どの会社にもいると思います。
あなたがそうであるなら問題ありませんが、おそらく違うのでしょう。だからこそこの本を手に取り読んでくださっている。

私のまわりにも前向きな人がいます。もちろん、私も前向きに笑顔で生きたいと強く願っていますから、自分と彼らがどう違うのか、日々観察してきました。そのなかで、どうも彼らと自分では「消化力」に大きな差があるのではないかとわかってきました。

「消化力」は「咀嚼力」「吸収力」「排泄力」の3つに分解できます。さっそく、順を追ってご説明しましょう。

咀嚼力：目の前の事象を丁寧に噛み砕いて分析する

人生にはいろいろなことがあります。よいこと、悪いこと、うれしいこと、嫌なこと、我慢できないことなど、多種多様な事象が日々降り注いできます。

そして人間は機械ではありませんから、直面した事象からさまざまな影響を受けます。一度嫌なことがあり、精神と身体に悪影響が出た場合、似たような事象からは距離を取るようになります。同じ苦しみは二度と味わいたくない。そう考えるのはあたりまえです。

しかし**同じ事象に見えても、以前とまったく同じとは限りません。**前回とは絶対にどこかが違います。**もしかしたら、今度はそのなかにチャンスが隠されているかもしれません。**

たとえば、以前失敗して大変な目にあったのと同じような案件が来たとします。避けたくなるのは当然ですが、今回はより大きなリターンがあるかもしれませんし、以前より自分が成長していて十分にこなせる可能性だってある。それなのに、現状を客観的に観察・分析できずに過去の思いこみからチャンスをスルーしてしまったら……ちょっと、もったいなくはないでしょうか。

つまりこの場合、**必要とされるのは目の前の事象を噛み砕く「咀嚼力」**です。

「咀嚼力」のある人は、目の前にある事象を丁寧に噛み砕いて査定します。体内に入れるべきかどうかを吟味するのです。

私は金融機関に勤務しており、融資業務を多くこなしてきましたが、なかには「これは対応しようがない」というような案件もありました。でも、そういった案件をしっかりと分析し、自身の知見を総動員して融資に対する決裁を得てしまう人がいました。その人は過去の経験を生かし、案件を整える、つまりは噛み砕くだけの能力を獲得していたのです。

ほかの人より「咀嚼力」のある人は大変に有利です。何しろ、ほかの人なら「食えないな、コレは」と考える案件からでもチャンスを取り出してしまうのですから。

噛み砕ける事象が多いというのは、シンプルに他者よりも機会が多いということです。

「咀嚼力」が高い人は、人よりもクジを引ける回数が多いのです。

吸収力：こなした仕事や事象から多くを学ぶ

「咀嚼力」に差はあれど、人はそれぞれのキャパシティで事象を噛み砕いて受け入れています。しかし、受け入れたからといって、それで終わりではありません。

「受け入れられそうだ」と判断（咀嚼）して抱えこんでからが勝負であり、そこから自分にとっての栄養（利益・知見）を得られるかが重要です。

ただ単に受け入れて、そのまま得るものなく流してしまっては何の意味もありません。咀嚼が無駄になりますし、何より貴重な時間をドブに捨てる行為になってしまいます。

仕事に慣れてくると、どんどん仕事から得るものが少なくなってきます。それは当然、やったことがない仕事が少なくなることと、案件の見極めができるようになり、「厄介そうだな」と感じる案件からは距離を取るようになるからです（「咀嚼力」の低下）。

そうなると、苦労せずこなせる仕事ばかりをするようになります。

そういった仕事はすでに熟達している場合がほとんどですから、ほぼ流れ作業でこなせてしまいます。そして、仕事をこなしても、こなした仕事から滋養を得ようとはしなくなります。これが、「吸収力」が低下している状態です。

私の部下で、基本的に同じ業務を数年にわたって行っている人物がいましたが、ひとつの案件から新しい課題や視点を発見し、今後の案件のために少しでも知見を蓄えようとしていました。極めて貪欲に吸収しようとする彼は、私の会社でも将来を嘱望される大切な社員として認識されています。

日々注意深く吸収できるものを見落とさない努力をする人物と、惰性で仕事を流していく人物。どれほどの差が出るのか想像もできません。できる人物は、受け入れたひとつの仕事、ひとつの事象からさまざまな視点と気づきを引き出します。それはすべて本人に滋養として蓄えられ、より価値の高い人物に成長させていきます。

こうした、**こなした仕事や事象から多くのことを学び取る「吸収力」**。ここでも大きな差が発生するのです。

排泄力：モヤモヤを残さず外に出す

最後は「排泄力」ですが、これは「咀嚼力」や「吸収力」とは少しベクトルが違います。仕事を噛み砕き体内に入れ、吸収するのは攻めの話です。一方で排泄力は守りの話になります。

前述しましたが、人生ではよいことも悪いことも起きます。そのなかにはどうしても逃げられない悪いこともあるでしょう。つまりは強制的に食わされる「まずい事象」です。そういうこと、ありますよね？

咀嚼できるかどうかわからないまま受け入れざるを得ない案件がある。もちろん、そこからはそれなりの学びを吸収できるのかもしれませんが、しっかりとダメージも残ってしまう。

私も厄介な融資案件において後味の悪いことが多々ありました。

複数のプレイヤーが関わる案件ですべてのプレイヤーが１００％の笑顔で終わることはまれです。誰かが割を食う結果になることもあります。

多数の金融機関が関与する返済額の減額案件などはまさにそうで、どの金融機関もより有利な条件を勝ち取るべく必死ですから、さまざまな理由をつけてきます。その時点で全員が笑顔で終わる結果にはなりません。大なり小なり遺恨を残すことになり、次回の手続きにおける火種になったりします。こういった案件で主導的な立場になると、かなり精神をやられます。とりあえず案件は完了しても、誰かが不満を漏らしたり恨み言を言ったりしてくれば、気分は落ちこみます。しばらく引きずったりもします。

半強制的に食わされて、消化したあとも何かヘドロのようなものが体内に残りつづける。これはあまりにもしんどいですし、ヘドロが次々堆積していったらいつか壊れてしまいます。**体内に残ったよくない残留物は、しっかりと外に出す必要があります。**これが「排泄力」です。

出し方は人それぞれだと思います。好きなものを腹いっぱい食う人、スポーツをする人、歌う人、旅に出る人、人によって千差万別でしょう。ですが、キレイさっぱり吐き出せるか否かは、人によって大きな差が出ます。当然、短時間でスッキリと出せてしまう人が有利です。排泄できず悶々とする時間は人生の時間のロスでしかありませんから、そこでも差が出てしまいます。

自分の人生の足を引っ張る「負の感情の塊」をキレイさっぱり出せてしまう「排泄力」は、つねに前向きに生きるうえで重要であるといえるでしょう。

事象を分解し、本質を見抜く「咀嚼力」、受け入れたものを身体化できる「吸収力」、悪しきものをパージできる「排泄力」、それらを統合したものが「消化力」であり、人生を前向きに生きる人に共通する能力です。

人生を素晴らしいものにするには、「消化力」が必要です。日々「消化力」を高めていきましょう。本当に少しずつでかまいません。

これまでは避けていた、新たな仕事や体験を受け入れてみる。これまでより深く、仕事や環境を観察してみる。モヤモヤしたものを吹き飛ばすために、これまでとは違う手法を試してみる。そういった日々の積み重ねが、あなたの「消化力」を高めていくのです。

自分で選んだ日々を生きる

搾取されていると感じたときが人生の変えどき

誰のために仕事をしているのか

以前、退職が決まった後輩と電話で話しました。

彼は私のかつての部下でした。評判もよく、社内でも高い評価を受けていましたので、退職されるのは痛手です。そんな彼ですから、人手不足に悩む企業が放っておくはずもなく、熱いラブコールを受けて転職と相成ってしまいました。まったくもって残念というほかありません。

彼曰く、「挑戦したくなった」と言っていました。転職先のメンバーは若く意欲にあふれており、ここでならさらに成長できると考えたそうです。

「そうか、それは何よりだね」

私はそう言って電話を切りました。

そして後日、彼がお世話になったお礼としてプレゼントをしたいと言うので、そこでもう一度じっくり話しました。すると、前に電話したときとは違う、彼の本音が飛び出したのです。

「ある日、営業帰りに交差点で止まったとき、夕日が目に入ったんです。そのとき、『ああ、俺はこのままだとずっと搾取されていくんだな』って急に感じたんです。そのときに絶対に退職すると決心しました」

「このままではずっと搾取される」……いったい彼は何を搾取されると感じたのでしょうか。


会社員は会社の利益のために働きます。ザクッと言ってしまえばそういうことです。

会社の維持やバックオフィスなどは必要な機能で、十分な費用をかける必要があります。ですので、原理的に営業の人は自分が直接稼いだ額より下回ったリターンしか得られません。それは組織の一員として働いている以上、当然です。

しかし、私の後輩が感じた搾取は、これとは違うと感じました。彼が、仕事でへとへとになり消耗しているなか、交差点でふと夕日が目に入ったとき、何を見たのか？　何を搾取されていると感じたのか？

おそらく彼が見たのは、グロテスクな自分の将来であり、彼が搾取されていると感じたのは、自分の人生だったのではないかと思います。

金融機関は典型的なトップダウンの世界です。若造が何を言ってもほぼ無駄です。意思決定は役員クラスの仕事であるのは当然ですが、支店および営業の行動を決めるのは本部であり、現場は「言われたことをやるマシーン」であることを求められます。これは金融機関に限ったことではないですが、金融機関ではとくに顕著だと思います。

本部から言われたこと（目標）をこなす日々。上司もそれしか頭にありません。本部からの指示に対する返答は「イエス」ｏｒ「はい」しかありませんから、もうとにかくやるしかない。

精神が壊れる手前まで、もしかすると壊れてもやります。

そんな地獄を駆け抜けて、すべてを達成して期末を迎えます。そして迎える4月1日に、何が起きると思いますか？

そうです。「ふりだしに戻る」です。会社が存続する限り、このループはいつまで経っても終わりません。

「毎年同じことのくり返し。昇進したところで本質的には何も変わらないだろう。たとえ本部に行っても同じ。同じところでぐるぐる走るだけ。これが、この状態が、自分の人生を生きているると言えるのか？　誰かのゲームを延々とやらされつづけている。こんなの、自分の人生を搾取されているだけじゃないか」

彼が感じた「搾取」は、ここにあると思います。

「自分のゲーム」をプレイする

人間には意思があり、意思の自由を制限されるとストレスを感じます。やりたくないことをやらされつづけると精神が不調をきたします。当然のことです。

会社に入って仕事をするということは、極論、「その会社のゲーム」をすることです。決して自分のゲームではありません。

多くの人はストレスを感じながらも、会社のゲームに付き合いつづけます。突きつめれば、そのほうが勝率は高いからです。106ページでお話ししたように、仕事をする自分をキャラクターに見立てて、自分の仕事ぶりを自分で決めていく姿勢もとても有効でしょう。

しかし、なかには他人のゲームに自分の人生を投下することに虫唾《むしず》が走る人物がいます。まるで他人のために生きているような気分になり、悪寒と吐き気を覚えるようになるのです。きっと彼の心境はこのようなものだったと思います。

いまの仕事が好き。そういう方もたくさんいるでしょう。それは素晴らしいことです。

しかし、なかには年齢を重ねるにつれて「自分の意志で仕事がしたい」「自分の責任の下で仕事がしたい」と感じる人もいるでしょう。徐々に、誰かのゲームではなく、自分のゲームに没頭したくなる。それこそが自分が生きた証しであり、そうでなければ生きている意味などないのではないか？　自分の人生を、誰かのために消費していいのか？

たいていの場合、それは甘い囁きであり、予想もつかない苦労を抱えこむことになります。

しかし、もしあなたがそのように思ったなら、苦労だなんだとかまう必要はありません。

自分のゲームをプレイし、その結果も自分で受け止めていく。言い訳もできず、使えない誰かを恨むこともなく、自分で自分のケツを拭く誇り高い人生を送る。自らを主《あるじ》として生きていく。そうして、他人のゲームをするという牢獄から脱出してほしいと思います。

自分の人生をかけて、自分のゲームをする。考えてみればあたりまえのことを言っているにすぎません。我々勤め人は、ふだんはこのようなことを無意識に考えないようにしているだけです。

彼の転職が成功するかはわかりません。結果として会社から会社へ渡り歩いただけですから、また搾取されたと感じるかもしれません。しかし、彼は自分の意志で環境を変えることを決意し、実行しました。成否によらず、彼は自分の人生を自分で生きた納得感に包まれるでしょう。

ついこの間、彼と話したら、いま毎日が学びの日々だと言っていました。自分の責任で生きていく覚悟が、彼の世界を可能性の宝庫に変えたようです。世界は何ひとつ変わっていません。彼が変わっただけです。

もしあなたもそんな人生を生きたいと思うならば、彼のように踏み出してみてください。自分の人生を、生きましょう。

コラム② 金融機関のオカシナ飲み会の作法

金融機関に共通しているのかはわかりませんが、他業界の人に話すと驚かれる慣習があります。これは私が勤務する金融機関だけなのか、または金融機関が古い体質だからあるのか、それともお金を扱う業種特有のものであるかはわかりませんが、長く残ってきたからには意味があるのかもしれません。それは、「飲み会における慣習」です。

私の会社では、春の社員総会のあとに全員で懇親会を開催しています。1年を通じて社員全員が一堂に会すのはこの機会しかないため、懇親を深めるにはちょうどいいのです。会場にはいくつもの円卓が用意されており、自分がどのテーブルに座るかは事前に通知されています。誰といっしょのテーブルになるかもけっこうな関心事であり、席表が公開されるとその話題で持ちきりになったりします。ここら辺はなんだかクラス替えみたいな雰囲気で大変に微笑ましくもあります。「うわ！　死のグループじゃん、お前の席！」なんて言ったりしてね。

そして、懇親会が開始され、全体の4分の1ほど進行したところで、席を離れて自由に移動できるようになります。ここからは各自が歩きまわり、お世話になった人や、かつての支店の同僚や、同期と話したりします。

しかし、ここでひとつのミッションが発生します。

支店のメンバーは、まず自分の店舗の支店長にお酌をしなければならないのです。支店長にお酌をしなければ、自由に動けないとの暗黙の了解があるのです。ですが、支店長はひとりであり、同時にお酌を受けることは不可能です。ですので、支店のメンバーが支店長の前に列をなすことになります。お酌の順番待ちです。

支店メンバーとしては、さっさと支店長にお酌をするというノルマを達成して、好きな人と楽しく話したり、気になる社員と交流したりしたいわけです。なので、懇親会の席に着いたときにまず行うことは、支店長の居場所の確認です。ターゲットの位置を確認し、場がブレイクしたと同時に誰よりも先にアタックするのです。少しでも遅れれば、ビール瓶と徳利を両手に持ったまま、マヌケな順番待ちをする羽目になります。これは、思わず脱力してしまうくらいバカらしく感じます。

一方の支店長もそれなりに大変です。逃げることが許されず、列が終わるまで飲みつづけることを強制されるからです。

私も支店長をしていましたので、このつらさもわかります。次から次へと休む暇もなく飲みつづけなければならないのです。なにせ支店メンバーは私にお酌をしなければ解放されないので、絶対にどこかへ行くことはありません。支店メンバー全員からそれぞれ2回はお酌をされることになります。幸い私はお酒を飲めるほうでしたので、受け止めることは可能でしたが、しっかりと酔ってしまいます。そのあとはもう無茶苦茶です。

この慣習が定着する背景は、けっこう陰湿なものがあります。

飲みの席で、上司にお酌をしなかった若い社員が、次の出社日に上司から、「なぜお前は注ぎに来なかったのか？」と詰められるのです。いまでこそそんなことを言う上司はいなくなりましたが（と信じたい）、過去はそんな上司が一般的でした。私もお酌をしなかったためにあとから叱られたことがありましたが、その上司は叱っている間、目が完全に据わっていました。そんなことにこだわるなんて真性のアホだなと感心したのを覚えています。

私としては、この慣習はどうでもいいと思っており、部下には別にお酌に来なくてもいいよと言いたいのですが、あえて言わないようにしています。「お酌はいいからね」と言ったところで、「支店長はああ言っているけど、それは本心ではないのかもしれない。もしかしたら罠かも?」と金融機関の人間らしく考えを巡らせ、「お酌をしておけば懸念はなくなる」との判断のもと、どちらにしろお酌をしに来ることになるからです。だったら、何も言わずにお酌を受けておいたほうがいい。そうすれば、部下たちはその後、気持ちよく飲み会を楽しめるわけですから。

この慣習に限りませんが、一度定着したものは簡単にはなくならないものです。意味がないと断定し、個人的に慣習に従わなければ、まわりから何を言われるかわからないですし、変な噂でも立てば、出世に影響する可能性も否定できないからです。また、上司がそれを廃止しようとしたとしても、部下は深読みしてしまうものです。それが上司の建前なのか、または本気なのか判断がつかず迷ってしまいます。であれば、慣習に流されたほうが安全であるとの考えに至るのです。

金融機関は基本的に相手の言うことを鵜呑みにしない仕事です。お金を貸す商売とはそういうものです。その癖が、内部の人間関係にまで染み出している気がします。基本的に微笑ましいレベルではありますが、これがけっこう疲れちゃうんですよね。

第3章

光はそこに！
クソ環境から自分の人生を取り戻せ

つぶしの効かない存在にならないために

現状を査定しアクションに移せ

時間の使い方で人生が変わる

振り返れば、「サービス残業」全盛の中を生き抜いてきました。

毎日帰るのは夜の9時過ぎ。これでも早いほうです。家に帰れば居間は真っ暗で、台所に私の分の食事が置いてあり、たったひとりで食べる。休日出勤もどれほどしたかわかりません。子どもの運動会に仕事で行けないこともありましたし、家族での楽しい小旅行が仕事でつぶされたりもしました。多くのものを、会社に捧げてきたように感じます。

一方で、社内を見渡すと、大した実績も上げず、現場をクビになり本部に「収監」された中年社員がいます。それもひとりやふたりではありません。彼らは最前線に立つことなく、どちらかといえばルーチンワークをして定時にはさっさと退勤していきます。けれど、私と比べて給料に大きく差がつくわけではありません。これには正直腹が立ちます。

プライベートを蔑《ないがし》ろにし、仕事に多くの時間を捧げ、それなりに出世した私と、会社の温情でぬるい仕事を与えられ、結果として甘い蜜を吸うだけの存在になった中年社員。一見、まるで違うように見えますが、じつは共通点があります。**外部に対して自分をアピールできる要素の乏しさ**です。転職の面接の際に、「あなたは何ができますか？」と質問されて「金融機関の仕事と検印ができます」としか答えられない、専門性も汎用性も希少性もない、ただの運動不足のオッサンという部分は共通しているのです。

いまの仕事を頑張るのはあたりまえの話ですが、頑張っても頑張らなくても「いまの仕事以外に通用しない人材」になりがちなのが金融機関に勤務する人間の悲しさかもしれません。会社員としてただ真面目に頑張りつづけるのを否定するわけではありませんが、それだけでは自社以外では価値を認めてもらえない人間になってしまう危険性があります。

自分を見つめ直して、いままでとは違うアクションを起こす必要がある。そのための追い風が近年吹きはじめました。それは、「働き方改革」です。

私の会社で実際にあった話ですが、数年前から残業が制限され、休日出勤が厳禁になり、年次有給休暇を消化しろと言われるようになりました。働き方改革でいきなりぽっかり空いた時間。それは、会社一色に染まった自分の人生を見直す絶好の機会です。

いまの会社で邁進・新天地を求めて転職・リスクヘッジの副業

まず、自分が働いている会社を査定しましょう。あなたを苦しめ、あなたを削り、あなたを養い、あなたを育ててくれた会社を、冷徹な目で査定するのです。

向こう20年、自分の会社はどうなっていくのか？　成長するのか？　衰退するのか？　または、消えてなくなってしまうのか？　注意深く会社と業界を観察していれば、きっと正確な査定ができるはずです。

もし、将来性があると判断したならば、**能動的に攻めの姿勢で仕事に邁進**すべきです。狙うのは当然経営陣入り。役員となるべく、増えた可処分時間を出世のために投下するのが最善策になるでしょう。自己研鑽は当然として、上役との宴席への積極的な参加や、休日のゴルフなど、これまで以上に出世に向けて多くのアクションを起こし、そのために時間を投下すべきです。

一方で、この会社に未来はない、またはこれ以上いたくないと考えるのならば、道はふたつになります。

転職か、**副業**です。

未来がない業界、または内部が腐敗しきっていて存続不可能に感じる会社にいつづける意味はほとんどありません。それこそ退職金だって危ういかもしれない。そうであればスッパリと退職し、転職すべきでしょう。

アラサー以降の転職は厳しいといわれますが、実際はそうでもないと感じます。どこも人手不足なので意外と転職は決まります。金融機関に勤務していると、給与水準の高さと福利厚生の充実などから、**30代中盤以降は転職に対し腰が引けてしまうものですが、私のまわりではほぼ満足な条件で転職できているようです。とくに年収があまり上がっていない20代は、現状より条件がよい先は比較的多い**と思います。

経営者ではない会社員にとって、転職は大きな武器です。衰退傾向にある業界から伸び代のある業界へ軽やかに移動する権利は、経営者からすればうらやましく見えるはずです。増加した可処分時間を、有望な業界へ転職するための資格やノウハウの習得に充てていくことで、あなたの人生の選択肢は増加していくでしょう。

自分の選択肢を増やす努力を

もし転職にまでは踏みきれないのなら、副業にトライすべきです。副業によるメリットはおもにふたつあります。

ひとつ目は、収入が増えること。先のない（とあなたが感じる）会社にいるのだから、今後給与が大きく増える可能性は低いでしょう。副業で収入源を増やし、トータルで所得を増加させることを狙いましょう。

ふたつ目は、本業がダメになったときの保険になることです。

会社はいきなり倒産することがあります。というか、ぎりぎりまで隠すのがふつうです。金融機関にいると、ある日いきなり弁護士から受任通知が来て取引先企業の実質的な倒産を知ることがありますが、その場合、従業員は知らないことが多いのです。許しがたい話ですが、そういうものなのです。

会社がいきなり倒産したときに、稼ぐ手立てをまったくもっていないのは危険すぎます。なにせローンや子どもの学費は待ってはくれないわけですから、すぐに稼がなければ生活が破綻してしまいます。そのとき、副業ですでに実績があれば、そちらにシフトすることで収入を確保できる可能性は残されます。

どんな副業を行うかはその人次第ではありますが、働き方改革で可処分時間が増えたことにより選択できる副業は増えたはずです。平日の勤務終了後、残業がなければ19時以降はそれなりの時間は確保できるはずで、あとは自分のやる気次第でしょう。

かつての状態から見れば、我々にはとてつもなく多くの時間が与えられました。これは給与の代わりに支給されたボーナスと捉えるべきでしょう（もしかしたら手切れ金かもしれません

が）。与えられた時間の意味を、それぞれが重く受け止めるべきなのです。

仕事、そして稼ぎの選択肢を複数確保しておくのは、客観的に見れば当然のことです。

しかしふだんは日々の仕事のみに集中し、自社に最適化されている状態なので、当然の選択肢が見えなくなりがちです。自分の選択肢を増加させることを意識して、ふらふら迷うことなく迅速にアクションを起こしましょう。

1・5億円の価値ある「あなた」をどうしていくのか

つねに学び、自分を高めていかなければいけない理由

自分は資産、会社は年利回り、年収は配当・利息と考える

あなたの価値は具体的にどれくらいですか？　金額で言えますか？

いきなりそんなことを言われても難しいと思いますが、ある程度把握しておくのは大切ですので、20代向けの「自分の価値を知る方法」と、「自分の価値との向き合い方」をお伝えします。

2022年の厚生労働省の調査では、平均的な大卒の初任給は以下のようになっています。

大卒・男性　＝　229，700円
大卒・女性　＝　227，200円

大卒・男女　＝　２２８，５００円

（厚生労働省「令和４年賃金構造基本統計調査」結果の概要）

これを年収に直すと

（初任給228，500円×12ヵ月）＋（初任給228，500円×ボーナス5ヵ月）
＝3，884，500円

と、ざっと３８８万円ほどになります。

この年収３８８万円があなたの金銭的価値、ではありません。これは、「あなた自身を１年間運用して発生した配当・利息」です。

左記の式で考えるとわかりやすいでしょう。

あなた × **年利回り** ＝ **年収**

あなた自身を、ある利回りをもって1年間運用し、その結果得られたのが年収です。年収は

388万円ですから、式に当てはめてみましょう。

あなた × 年利回り ＝ 388万円 年収

つづいて年利回りですが、労働はハイリスクハイリターンではなく比較的安全な運用方法ですので、ここは米国債（10年債）の年利回りを採用したいのですが、この本を執筆している令和5年より過去2年において大きく上昇し変動幅が大きいため、大まかではありますが年利回り2・5％として計算していきます。

あなた × 2・5％ 年利回り ＝ 388万円 年収

さて、これであなたの金銭的価値を算出できるようになりました。

あなた ＝ 388万円 年収 ÷ 2・5％ 年利回り

あなた ＝ 1億5520万円

あなたを金銭換算した場合の価値は、なんと約1・5億円となりました。いやはや、とんでもない金額です。1・5億ですよ？

ちょっと信じられませんが、これが事実です。あなたは1・5億円もっているに等しい。本当に素晴らしいことです。

では次に、この巨額の資産をもっと儲かるように運用する方法について考えましょう。

あなたの価値は1・5億円です。ここからさらに配当＝年収を増やすにはどうしたらいいでしょうか？

式はこれまでと同じ　あなた×年利回り＝年収です。

増やしたいのは年収ですので、変化させるには　あなたを大きくするか　年利回りを高くするかの二択になります。

いきなり自分であるあなたを大きくするのは不可能ですので、年利回りを高くしたいところですね。

では、年利回りとはなんでしょうか？

それは「会社」です。

「会社」はトヨタ自動車や楽天などの民間企業、または国や地方自治体です。つまり、どの企業に入社するかで利回りはほぼ決定します。

平均的な企業に入社するのと大企業に入社するのとでは、初任給に大きな差がなかったとしても、のちのち年収には大きな差が出てきますから、「大企業のほうが利回りがよい」といえそうです。

年収を上げたければ儲かっている大企業で働くべし。身もふたもない話となりました。しかし、そんなことは一部の高学歴者しかできません。ほとんどの若者は中小企業に就職しますので、大企業並みの利回りを得るのは難しいでしょう。

ではどうするか？

年利回り が上げられないのであれば、あなた の価値を上げていくほかありません。

自己投資が未来の自分を救う

そもそも、あなたには1・5億円の価値があります。その価値を努力して増加させれば、年利回りが一定でも年収を上げることが可能です。

あなた ↑ × 年利回り → ＝ 年収 ↑

資格取得や実績の向上など自身の価値を増加させることにより「年利回り＝会社」は変わらなくとも、資産価値の上昇で年収を上げることが可能となります。具体的には価値の上昇を認められ、昇進昇格するイメージです。

また、「年利回り＝会社」は社会的変動に大きく影響されます。コロナ禍を経験したいま、大手企業でさえ決して安泰ではないことを我々は痛感したはずです。

会社に加えてあなたまで大きく変動するようでは、変動する要素がふたつとなり、年収の安定を欠いてしまう。会社を自分の力で安定させることはほぼ不可能ですが、自分の価値はコントローラブルです。それにより年収の安定を担保することが可能なのです。つまり、収入の安定を支えるのはあなた自身の価値の増加なのです。

また、自分の価値を高めることは市場価値の上昇にもつながるでしょう。市場価値が上昇すれば、当然、有利な条件での転職も可能になってくるはずです。

あなた ↑ × 年利回り ↑ ＝ 年収 ↑

現在の会社で自分の評価を上げ（あなたの価値の増加）、年収を増加させるのをプランAだとし、自身の市場価値を高め、さらに転職により勤務先を変えて年利回りを上昇させるのはプランBとしてみましょう。

【プランA】 あなた ↑ × 年利回り → ＝ 年収 ↑
【プランB】 あなた ↑ × 年利回り ↑ ＝ 年収 ↑

どちらのプランにしろ、あなたの資産価値の上昇が重要になってきます。

また、プランBが選択可能な状態は、あなたに心の安定をもたらしてくれるはずです。仕事が合わなくても、どうしても受け入れられない上司・同僚がいたとしても、プランBを実行すればいいだけである。その事実はとても心強いものとなり、より伸びやかに時間を有効活用できるようになるでしょう。

自分という存在を客観視し、自分は資産であると認識し、どの企業に自分を投資するかを考える。効率的に稼ぐという側面に注目した場合、自分というのは資産にすぎず、自分の資産価値を増加させ、自分をより利回りのよいところへ放りこむことが重要となります。

とにかくお金で苦しみたくない。そう考えるのであれば会社選びは利回りのみで考えるべきでしょう。しかし、それだけで満足できないのが人間です。パンのみに生きることはできないのです。

理想や夢、まだ見ぬ景色にあこがれて利回りの低い会社に入ることは必ずしも悪いことではありません。まだ可能性が多く残されている若者であればなおさらです。ですが、**あなたがどんな選択をしたとしても、自分を客観視し、自分を資産と考え、自分に投資し成長させることを止めてはいけません。**

冒頭の式を再掲します。

あなた × 年利回り ＝ 年収

人生の窮地を救うのは、会社＝年利回りではありません。自助努力で高めることができる自分の価値＝あなたなのです。

つねに自分を客観視し、自分の価値は昨年と比べて上がっているのか、他者に対して明示できるか、陳腐化していないかを考える。そうやって自分を査定し、価値向上に向けて具体的に自分に投資しつづけることが、あなたの人生を救うのです。

勉強とは消費ではなく投資

よい未来につながると信じて継続しろ

進学組とヤンキーの哀しいほどの差

学歴だけが人生を決めるわけではない、というのは、社会の（建前上の）総意だと思います。ただ実際は、なかなかそう言いきれない部分があります。

誰しも感じているのに、それを口にすると「人でなし」の烙印を受けるから言わない。そんな言いにくいことを、ここでは書いていきたいと思います。

私は中高ともに公立で、そもそも地域に私立の進学校がないほどの田舎でしたので、そこまで「選別」された環境で育っていません。

中学は学区内の同級生と過ごしましたから、全員幼なじみみたいなものです（田舎だなぁ）。当然学力や身体能力の格差はありましたが、もう昔からでしたので、それも個性として自然に受け入れていたように思います。しかし高校に入るといきなりメンバーが大きく変わりました。総入れ替えといった感じです。そして新しいメンバーに、新鮮な驚きがありました。

私の高校は国立大学を狙う生徒もいれば、短ランやボンタンを穿きこなすヤンキーまでさまざまでした（ちょうど私はその中間あたりでした）。

ヤンキー、いわゆる不良はケンカが多く、いつも決まったメンバーで集まり、「何年の誰それが生意気だ」といったような話をしている。一方の進学組は、同じように仲がいい連中と固まってはいたものの、私に対してもフレンドリーに語りかけてくるなど開かれた感じがしました。

また、進学組は誰かを不安にさせない穏やかさを自然に発生させていました。ヤンキー組がつねに不穏な空気をまき散らしていたのと対極です。

進学組の連中は部活にもしっかりと参加し、中心的選手であるパターンも多く見受けられました。ヤンキー組はというと、そもそも部活になど入っていません。

進学組は、すべての授業を真剣に受け、その後部活でみっちり身体を追いこみ、家に帰ってからは勉強に明け暮れる。ヤンキー組は授業もまともに受けず、部活もせず、家で勉強もしない。そのうえ、進学組のほうが「ナイスガイ」なのです。

それまでの研鑽の日々が、彼らをナイスガイにしたのか。そもそも人間的に素晴らしかったからなのか。いったいどっちだったのでしょうか？
いまなら、それなりの核心に近づけます。

勉強の意味がわかるのは勉強を終えたあと

学びというのは、「学びの最中にあるときはその価値がわからない」という際立った特徴があります。いま学んでいることの価値を理解するには、いま学んでいることを修めなければならないからです。**修了してから事後的に、やってきたことの価値を知る。それが学びです。**

たとえるなら、それは登山に似ています。頂上で何が見えるかは、登頂しないとわからないのです。登山道の途中で山頂の景色を見ることは不可能です。

この学びに対する知見は、完全に内田樹《うちだたつる》氏の受け売りです。（『下流志向——学ばない子どもたち 働かない若者たち』講談社文庫）

それを踏まえると、誰もが学生時代に一度は言いたいと感じたであろう「なんで勉強しなきゃならないのか、説明してくれ」という質問がいかに愚問であるかわかります。説明したところで理解できないからです。

説明して理解できるだけの知識や見識が備わっている者に、学びは強制されません。まだまだ未熟であり、特定の学びが必要だと査定されているからこそ「勉強しろ」と強制されているのです。それすら理解できないアホに限って「なぜ勉強しなければならないのか？」という質問をするのです。

そんな質問をする人には**「その質問をする時点で、お前は勉強が足りていない」**としか言いようがありません。

勉強のただなかでは勉強の効用を理解することができないというのは、かなりストレスフルな状況です。なぜなら我々に馴染みのある消費行動と違いすぎるからです。

私たちは買い物をするときに、１０００円出せば１０００円の価値があるものを受け取ることに疑いをもっていません。いわゆる等価交換に慣れているのです。その視点で見ると、勉強というのはとても理不尽な行為です。

小学校から高校まで６・３・３と12年もかけるのに、得られるもの（商品）が定量的に示されるわけでも、保証されているわけでもない。ふつうの商行為ならば訴訟沙汰の暴挙。それが学校教育です。等価交換に慣れた我々は、その非対称性に納得がいきません。投下したコストに対するリターンを明示せよと言いたくなるのは当然なのです。

それでも勉強を続けられる人物は、経済の原則を理解できないほど愚かな消費者なのでしょうか？　そうではありません。

そういう人は、消費者の思考で勉強に取り組んでいません。彼らは、投資家の思考で勉強に取り組んでいるのです。

いまやっている勉強がこの先どんな結果を生むのかはわからないが、おそらく何やらよさそうな未来につながりそうだから、頑張る。

それは、将来成長しそうな会社の株式を取得する行為に似ています。

購入時点ではその株式が値上がりするかは誰にもわかりません。ただ、その会社の成長を信じている。その成長にまだ値段がついていないだけである。そんな投資思考を身につけているように見えます。

おぼろげな未来への期待感に、自分のリソースを投下できるだけの純粋さ、素直さを持ちあわせ、より大きくなって将来返ってくることを信じている。だからこそ前向きに勉強を継続できる。

消費者として「いま」を消費する者。投資家として「いま」を投資する者。

その結果がどれだけの格差を生むか、説明する必要はないでしょう。

目先の等価交換に囚われるな

投資は、何も金銭や不動産だけを対象とするわけではありません。日々の時間をどう過ごしたかも立派な投資行動です。

いま流れていく時間は、あなたの人生において有限のリソースです。時間というリソースはつねに消費されていき、補充されることはなく、まただれだけ残っているかも不明です。その希少な時間を何に投下するか？　これを消費者目線で考えてはいけません。消費者目線で考えると、等価交換の呪縛から逃れられなくなるからです。

もしかしたら、盛大に無駄に終わるかもしれない。いまの学びを生かすことは人生においてないかもしれない。でも、これを学んだほうがよりよい人生を送れると感じた。それを信じる。

学びつづけるということはこのように、**勇気をもって、決断して生きること**です。

安全な目先の等価交換しかできない臆病者になってはいけません。

学びは格差を生む。そして学びの結果を定量化する装置として学歴がある。学歴がある人のほうが経済的に幸せになりやすいのは、それなりの理由があるのです。

知的ハードワーキングのすすめ

自らをブラックに染めあげろ

人生の成功のために時間を惜しめ

日本電産（現ニデック）は2022年9月2日に、関潤《せきじゅん》社長兼最高執行責任者（COO）が辞任すると発表しました。理由は業績悪化の責任を取るためです。その際の創業者である永守《ながもり》重信《しげのぶ》会長のあまりの〝ブラック発言〟が拡散し、ネット上で盛りあがりを見せました。ご覧になった方もいらっしゃるのではないでしょうか。

一方で、永守会長がどうしようもない経営者かというとそれは違います。それは、会社の財務内容が雄弁に物語っています。また、ご自身の経営方針や仕事観について東洋経済ONLINEで記事が公開されていました。永守会長はその記事の中でこう述べています。

〈「知的ハードワーキング」。これは「時間」だけでなく、「知」においても並みの働きをはるかに超えるくらいハードワークをすれば、最後には必ず勝つという信念です。決して時間をかけなくても成功できるという意味ではありません〉

（東洋経済ＯＮＬＩＮＥ ２０２２年８月５日 永守重信「『不安に襲われた時の考え方』が生む差」）

肉体だけでなく、「知」という領域においてもハードワークをすれば勝てる。言い換えれば知的領域でハードワークできないものは負ける。ということです。しかし、私が感銘を受けたのはこの部分ではありません。そんなことは当然のことだからです。

私がシビレたのは最後の〈決して時間をかけなくても成功できるという意味ではありません〉という部分です。

「そうだよな!!」と、心の中で思わず叫びました。

誰よりも知的ハードワーキングを続けてきて、初代で売上高２兆円企業まで育てあげた稀代の経営者の答えは**「知的ワーキングにみっちり時間をかけないと勝てない」**だったのです。

知的ハードワーキングをしろ。

ただの知的ワーキングではありません。ハードにやれと言っている。

この「ハード」の意味するところは、おそらく「時間を惜しんで、つねに」ということでしよう。働き方改革等で長時間労働は忌避される傾向が強くなっていますが、知的ワーキングなら自宅でもできます。つねにハードに、と聞くとまるでブラックな働き方のようですが、私はあえて、そこに賛成したい。その理由をご説明します。

ハードワーキングこそ自分の最高の研磨剤

私は2021年8月13日からnoteを書きはじめました。

毎週2本アップしていくと決め、これまで継続し150本以上をアップしています（30本ごとにお休みはいただきました）。

これは誰かと約束をしたものではありません。私が勝手に始めたことです。だから、締め切りを破ったとしても、特段困る人はいません。ですが、私は欠かすことなく継続してきました。

それはなぜか？

私はnoteを「仕事」と定義したからです。

「自分にとってnoteの執筆は仕事である。自分は、週刊誌で連載する作家となんら変わるものではない」

不遜な態度と言われればそれまでですが、それくらいの意識をもっていないと継続することは不可能でした。とはいえ、週2本新作をアップするのはなかなか厳しい設定です。

私は本職があり、フルタイムで勤務しています。ですので、ｎｏｔｅを書くのは平日の夜か休日ということになります。本職は金融機関の課長職であり、コンサル部門なのでルーチンワークは少ないですが、日々新たな案件への対応を迫られることになります。そうなると、毎日へとへとになって帰ることになる。

記事を書く行為は身体が動けばできるというものではありません。何しろ頭で考えなければならない。しかし、頭は完全に疲弊しています。「あらよっと」で書けるわけがない。歯を食いしばってパソコンに向かいます。また、ネタについても準備が必要です。日々、アンテナを高くして「自分の言葉で表現できるネタ」を探すことになります。

休日は休日でプレッシャーに襲われます。平日は仕事で消耗しますから、成果は上げにくい。休日でどれだけ積みあげられるかが勝負です。ですので、できるだけ早起きして取り組むようにします。週末に家族の予定が入ってくるならば、その前週に記事を書きためる必要もあります。

また、私は別の会社の社長でもあり、既存事業について考えを巡らせ、先手を取ることを考えなければなりません。これもつねに意識しています。

平日は本業とｎｏｔｅと自社のこと。休日はｎｏｔｅと自社のこと。

よくよく考えてみると、私には完全な休日がほとんどないどころか、休日平日時間外など関係なくシームレスに知的ワーキングをしていたのです。知らず知らずのうちに自分を自分でブラックに染めあげていたのです。ですが、ふつうの人ならやらないような、継続できなさそうなことを愚直にそしてブラックに続けてきたからこそ、ｎｏｔｅは多くの方に読んでいただけるようになり、週刊誌のウェブ版で連載をもつようになり、こうして書籍を出版するまでになれたのです。

自ら選んだ分野でブラック化することが大事

これからは副業が大きく注目されはじめます。

生産年齢人口の減少、地方の人材不足、働き方改革による可処分時間の増加、テックの進歩と新型コロナウイルス感染症によるリモートワークの浸透、そして、老後資金問題。現状を取り巻く多くの環境は、まるで副業のために整えられているかのようです。

我々は副業を無視できない世界の入り口に立っています。無視できないどころか、副業をしないとまともな生活ができない時代の中に放りこまれているのかもしれません。

そうなれば、あなたも年がら年じゅう知的ハードワーキングをすることになります。

永守会長の「知的ハードワーキング」が意味するところは「無限労働」でしょう。それを「ブラック企業ザマァｗ」と嘲笑するのは勝手です。しかし、あなただって自発的にそうなる可能性は高いのです。

副業を始めれば、自動的に仕事の時間は拡大していきます。多くの時間を副業について考えることになるでしょう。自分の才覚でお金を稼ぐとはそういうことです。ならば、**いまからでもブラックな環境に自分を放りこみ、1日でも早くその環境に慣れるべき**です。

そして、**つねに知的ワーキングをしたくなるような副業を、1日でも早く見つける必要があります。**

「セルフブラック化」のツールとして、私はおもにｎｏｔｅを選択しましたが、ｎｏｔｅ以外でももちろん何でもＯＫです。まずは、無限労働に少しずつ身を投じ、どの副業であれば苦でないか、または苦労の度合いが低いかを探るべきです。

ブラックに染まるのがグロテスクなのは、誰かに強要されたブラックだからです。**「自分で自分をブラックに染めあげる」ことが大切**なのです。

自分で選択した自分の副業は、やらされるものではありません。あなたを賦活してくれるブラックです。そのブラックは、何かに守られて得たホワイトより、あなたの人生をカラフルにするでしょう。

私は、かの有名な〝上弦の鬼〟ではありませんが、この言葉をあなたに贈りたい。

「お前も、ブラックにならないか？」

資格だけでは人生はプラスにならない

取得の目的とプロセスを重視せよ

資格で人生が一発逆転するわけがない

休日にカフェに行くと、多くの人が勉強しているのを目にします。そのなかには学生だけでなく社会人もたくさんいて、チラリと見ると資格の勉強をしている人が多いようです。

資格を取得することにより、人生はより素晴らしいものになる。それに異を唱える人は少ないでしょう。しかし、**資格のみで人生が素晴らしくなることはありません。資格は、そこまで万能な代物ではない**のです。

難易度の高い資格を取得すれば、その後の人生はすべてうまくいくと考えるのは間違っています。人生はそんなに単純なものではありません。現状に不満がある人ほど「資格で一発逆転！」といった思考をもつかもしれませんが、これは大変危険です。なぜなら、いつ合格できるかわからない資格をベースに人生設計ができるわけがないからです。合格しない限りスタートできない人生の計画など、あるだけ害悪といっていいでしょう。資格への挑戦そのものは素晴らしいことですが、資格の取得を人生設計の前提としてはいけないのです。

大切なのは、「なぜ資格を取得したいのか？」と自分に問いかけることです。自分は資格を取得して、いったいどのような状態になりたいのか？　そこを明確にしておくのはとても重要です。

資格取得によるなんらかの効果により、自分の望む未来を摑みたいと思っている。その未来への道は、資格取得でしか実現できないと考えているとしたら、あまりに視野が狭いかもしれません。望む未来が、たとえば街中やお店で目にする幸せで穏やかな家庭である場合や、上司や同僚からのリスペクトであった場合、その資格は必要でしょうか？　世間の人間は、資格ぐらいで尊敬や承認など与えてくれません。

資格により、転職時に有利になりたいと考えているかもしれません。たしかに資格をもっていることが転職時に不利になることはないでしょう。しかし、それは転職の成否の話であって、重要なのは転職後に望んだ未来を実現できるかどうかでしょう。資格を取得している、その事実だけで理想の未来を手に入れられるわけではないのです。

資格だけしかない人のざんねん例

私の会社に、社会保険労務士の資格取得者がいました。

私より10歳以上年上で、中途採用で入社しましたが、その時点では社労士試験に合格していませんでした。会社が自前の社労士をほしがっていたらしく、社労士の資格取得を期待されての採用だったようです。何年もかかってやっと取得できたことを社内報で知ったあと、その人と隣りあう機会があり、少しお話しすることができました。そのとき彼は「社労士はね、『小』司法試験と呼ばれるほど難しいんだよ」と、いかに自分が難関資格をパスしたかを自慢げに延々と語りつづけました。私はうんざりして逃げ出したくなりました。

私は社労士の試験を受けたことがないのでその難しさはわかりません。でも、いい大人が何年もかけて取得した資格を自慢する姿に辟易《へきえき》しました。ふつうは、会社から期待されながら資格取得に何年もかかったなんて恥ずかしいと思うでしょう。しかし、そんな素振りは微塵《みじん》もないのです。実際に、彼は仕事ができず、まわりの社員から嫌われていました。その結果、表に出すことは難しいとの判断から、顧客と接することのないバックオフィスの仕事ばかりをさせられていたのです。そして最後まで、社労士の資格を生かせる仕事を与えてもらえず、知らない間に退職していきました。

努力して難関資格を取得したとしても、まわりからのリスペクトを得られずに退場していく。

こんな未来を望む人はいないはずです。**資格はゴールなどではない。あくまでも望む未来を実現するための手段であることを忘れてはいけません。**

資格を絵に描いた餅にしないために

では、望む未来を手にするために資格を生かすにはどうしたらいいのでしょうか？ **重要なのは、資格を取得する過程にあります。**

まず、**いま勤務している会社において、人と人とのかかわりの中にどっぷりと頭まで浸かるべきです。**人は、どのように対応したら喜んでくれるのか、怒り出すのか、悲しむのか。そんなあたりまえのことをしっかりと観察し、理解するのです。決して人間関係から逃げてはいけません。他者と積極的に関係するようにし、仕事も意欲的にこなしていきましょう。

その目的は**味方を増やす**ことです。互いに理解しあい、信頼しあえる人をひとりでも多く獲得していく。これを意識的に行っていく必要があります。**それがあってはじめて、資格を活用できるポジションに就いたときに、まわりの協力が得られ、身につけた知見を存分に発揮できるのです。**先ほどの彼のように、まわりから敬遠されてしまっては資格を生かすポジションに就くことすらできないのです。

次に、当然ではありますが、**資格の勉強は死に物狂いで行ってください。**そもそも簡単に取れる資格にそれほどの価値はありません。

仕事を全力でやりながら、睡眠時間を削ってでも勉強を継続すべきです。無理が利くうちにできる限りやるべきです。年を取るとなかなか無理はできなくなりますから、いまがいちばん若いと認識して全力で取り組みましょう。

仕事を全力でやり、仲間を大切にし、さらに自己研鑽も全力で行う人は、当然まわりから好かれます。日々がむしゃらに頑張っているうちに、不思議とまわりから好かれる人間に変わっていくのです。仕事と勉強で忙しい人は他人の粗《あら》など気にする暇がありませんから、嫌味を言うこともなくなります。そうなると自然と妬み嫉《そね》みからも無縁になるでしょう。

それらの過程をこなし、めでたく目的の資格試験に合格すれば、そのときはもうただの資格ホルダーではありません。**良質な信頼関係をもち、応援してくれる人も多数いる資格ホルダー**です。そうすれば存分に資格を生かした仕事ができるでしょうし、資格取得を妬まれる可能性も低くなるでしょう。また、独立開業しても、多くの人から協力を得られ、安定した経営ができる見込みも立ちます。

資格は、それ単体ではあなたの人生をよくしてくれません。自分を取り囲む環境に真摯に向かいあい、資格を使う環境を同時に整えてこそ、その効果を十分に引き出せるのです。

クラウドソーシングサービスで力試ししてみる

四六時中夢中になれるものを副業とすべし

やってみることは無駄にはならない

近年、ＶＵＣＡ《ブーカ》の時代だとよくいわれるようになりました。ＶＵＣＡとはVolatility（変動性）、Uncertainty（不確実性）、Complexity（複雑性）、Ambiguity（曖昧性）の４つの言葉の頭文字を取ったものです。

ＶＵＣＡの時代を簡単に言えば、「予測がつかない時代」だといえそうです。コロナ禍やロシアのウクライナ侵攻などをリアルタイムで目撃すると、その意味がよくわかります。ＶＵＣＡの概念はこれらの災厄の前から存在していましたから、現実の世界がＶＵＣＡを証明してしまったといえるかもしれません。

私のＶＵＣＡの時代に対する捉え方は、これまでの予測がどんどん役に立たなくなっていくというイメージです。想像を超える事象が、これまで以上の頻度で起こるのかもしれない。そう考えています。

「何が起こるかわからないなら、努力するだけ無駄じゃないのか？　実際にコロナで亡くなったり、戦争で努力が無駄になったりした人が大勢いたじゃないか」

そう考えている方もなかにはいらっしゃるかもしれません。でも私は、努力しないのは間違っていると、きっぱり言いたいと思います。

数多くの「無駄に終わったもの」があったのは事実です。**当然これからも努力が無駄に終わる可能性はありますが、そうならない可能性だってある。**何もしなければ、チャンスを掴むことすらできません。**望む未来を掴むには、必ず努力や忍耐が必要です。**

では、何に向けて努力していけばいいのか。

予測がつかない時代に対抗していくには、変動リスクに備えるため、自分が稼げる領域を拡大する必要があります。まずは自分で稼げる、つまり価値が発揮できるフィールドがほかにあるかを検証しなければなりません。

それにはまず、クラウドソーシングサービスを使って仕事をしてみるのをおすすめします。

チャレンジを阻む時間の壁

インターネットを見れば、クラウドソーシングのプラットフォームがいくつもあります。そのなかから自分でもできそうな案件を受注してみて、実際に取り組んでみるのです。小さな一歩ですが、大きな自信になります。

そして、いくつか受注をしてみると、おそらくあることに気づくでしょう。

「時間がない……」

私はｎｏｔｅを書きはじめる2年ほど前にクラウドソーシングサービスを利用して金融系の記事の作成を受注していました。おかげさまで発注者様から信頼をいただけたようで、月に1回程度ご指名をいただけるようになりました。文字単価もどんどん上げていただきました。

それはもちろん光栄なことですし、やりがいにもつながりましたが、徐々に苦しさを感じるようになりました。

本業も大変多忙な時期であり、週末はくたくたで死んだようになっている。そこに加えて子どもの部活の送り迎えや遠征への同行で、かなり疲弊していました。そんな状況でも、受注した記事は締め切りまでに納品しなくてはなりません。たとえ月に1回程度の依頼であっても、プレッシャーとして重くのしかかりました。

時間は、じつはあります。あるのですが、書ける状態になれる時間はない。

一見甘えた話に聞こえるでしょうが、けっこう切実です。何かを写し取る仕事ではなく、自分で考えて書かなければならず、そのためには書ける状態に自分をもっていく必要がありますが、そんなことはこれまで訓練したことがなかったのです。

これまでの日常とは違う日常へアップデートしないと副業というものは持続できない。そう感じました。これは副業を行ううえで必須だと思います。

副業に集中できる可処分時間をいかにつくっていくか。ここが死活的に重要なのです。

「投資」と「頭の稼働時間の延長」で時間をつくる

可処分時間をつくる方法は「投資によりまとまった時間を捻出する」「自分の『頭の稼働時間』を伸ばす」に分けられます。

たとえば、自動掃除機を購入し掃除時間を短縮したり、食洗器を導入したりして「自分の肉体的な手間を省く」ことを目的とした投資はとても有効です。これらはシンプルに効果があります。

もうひとつの投資として、知識の習得や収集に投資することが挙げられます。

多くの知識に触れることにより、日々の仕事や新たな問題・課題に対して効率的に処理できる手法にたどりつきやすくなります。望む成果を得るために投下する時間が少なくて済むのは、可処分時間の増加に大きく作用することになります。ときに設備投資よりも多くの可処分時間を生んでくれるかもしれません。

モノ、そして知識に投資することで可処分時間を捻出する。その可処分時間を活用して自分の幅を広げていく。これが基本です。

私はそこに、もうひとつの可処分時間を増やす手法を提案したいと考えます。それは**時間を増やさずに時間を増やす**、という一見矛盾した方法です。

子どもの頃を思い出してください。何かに夢中になった自分を。

子どもは何かに夢中になると、四六時中そのことしか考えなくなります。口を開けばそのことばかり話してくる。親としては少々うっとうしくなってくるほどに。

子どもの頭の中は、夢中になった対象で埋めつくされています。覚醒している間はすべてそのことばかり考えている。ご飯を食べるときも、歩いているときも、授業中も、友だちと話しているときでさえも。あなたにも経験があるはずです。

夢中になると、日常生活が対象で染まってしまう。でも、同時に日常生活もこなしている。つまり、日常生活と興味の対象への思考は両立できるということです。

もし、あなたが副業をする場合でも、副業への思考と仕事を含めた日常生活は同時並行で進めることが可能なはずです。それは、可処分時間を捻出したことと同じ効果が得られます。時間は増えていないのに、バーチャルに時間が増えたといえるのです。

夢中であるからこそ、思考はポジティブに高速回転し、仮想の可処分時間は機能します。夢中でなければ、それはただの負担・苦しみになります。

なかには「時間ができてから副業にトライしよう。いまはとても無理」と考えている方もいるでしょう。断言しますが、そういった人はたとえ時間があっても副業を開始しません。副業をする・しないは、時間の有無ではなく決意と覚悟に左右されるからです。

日々の中で時間をつくるのは容易ではありません。なにせあなたは、ふだん遊んでいるわけではない。仕事をし、家事を行い、子育てをし、ときには地域の奉仕活動をするなどして、限界まで頑張っている。そんななかで実際に副業をやるには、思考の密度を上げるしかありません。

そして、密度を上げるには夢中になるしかない。**会社員が持続可能な副業を行う基準は、やはり夢中になれるかどうか**です。

自分がどんな仕事であれば夢中になれるかわかっているのであれば、それに近い案件をクラウドソーシングサービスから選択すればいいだけです。もしわからないのであれば、多くの種類の案件にトライする必要があるでしょう。数多くトライしてみて、そのなかからフィットしたものを継続すればいいのです。

数多くのトライが、あなたにとってベストな副業を見つけてくれるはずです。

仕事を辞めるのは、本質を知ってからでも遅くはない

表面的な不満で辞めるのはもったいない

金融機関勤めの先輩として見せたい背中

後輩のA君が退職することになりました。

噂には聞いていましたが、先日わざわざ電話をかけてきてくれました。律儀な男です。彼とは営業店でいっしょに仕事をし、少しの間だけ指導をしました。

退職する人はめずらしくありません。金融機関はけっこう辞めますから。しかし、若手が、とくに将来有望な若手が辞めるたびに考えてしまいます。

「彼らに、本当に大切なところを見せられていなかったのではないか」と思ってしまうのです。

上司・先輩の責務として、「背中を見せる」ことがあると思います。

仕事の仕方であったり、顧客折衝であったり、本部との交渉であったり、部下の指導であったり、飲み会での作法であったり、そして生きざまであったりと、見せる背中はさまざまです。部下・後輩はあまり意識してはいないでしょうが、先達の背中から何かを感じ取っています。ですので、自分の一挙手一投足が後輩の思考に影響すると考えるのがふつうです。

私は意識して、正しいことをまっすぐに主張し、仕事には前向きに取り組み、部下の指導も全力で行いました。勉強もして、資格も必要以上に取得するなど、私ほど背中を意識して生きてきた人間は社内にいないと思います。

しかし、伝えきれていないものがあったのでしょう。だから、A君のような若く有望な社員が辞めていく。強い無力感に襲われます。

思いあがりであることは百も承知です。でも、「もっとしっかりと伝えるべきものを伝えていたら、彼は辞めなかったのではないか?」と考えずにはいられないのです。というのも若い彼らは、仕事の表面しか理解せずに辞めていっているようにしか見えないからです。**クソみたいな環境であっても、その仕事自体のおもしろさ、やりがいはあります。**それを知ったうえでの選択なのだろうかと、疑問に思ってしまうのです。

どの仕事にも「本質」と呼ばれるものがあります。それらは一朝一夕では感じることはできません。長い時間をかけてはじめて感知できるものでしょう。

それは単純な技術面だけの話ではありません。どちらかといえば仕事に対する理解・認識のほうが主眼となります。その職に身を投じ、長きにわたって精進を重ねてきたからこそ、自分の仕事の現在価値だけでなく未来の価値も理解できるようになる。そのような精神的成熟のほうがより重要といえます。

永遠の黒子という誇り

金融機関の仕事の本質を一言で表現するのは大変に困難です。だからこそ若手に伝わりにくいともいえますが、私の意見としては、**金融機関の本質は「黒子であること」です。**

金融機関はおもに融資を行うことにより企業の成長を支えますが、成長し脚光を浴びるのは企業であり、金融機関ではありません。また、企業の成長により地域が豊かになったとしても、金融機関が賞賛を浴びることはないのです。金融機関は顧客と地域のために尽力しますが、決して最前列には出ることのない、大きな力をもった永遠の裏方なのです。それは誰かがやらなければならないことであり、地域社会が長期的に維持または発展するために必要なことでもあります。それを引き受け、確実に履行していくことの貴さこそが、金融機関の仕事の本質だと思います。

辞めていく若手を見ていると、そこまでの広く深い視点を獲得しているとは言いがたく、目の前のノルマや人間関係などを理由に辞めていく人が多いのです。少々古い体質ではあるものの貴い仕事であるという、その本質を理解する前に辞めてしまう。それはあまりにももったいないと言わざるを得ないのです。

若いうちにそこまで理解することはとても難しいでしょう。仕事の本質がわかるには、それなりの経験と、それが身に染みこんでいく時間が必要だからです。であるからこそ、短期間でさまざまな業種の転職をくり返すのはおすすめできません。その仕事の本質の端っこにすら触れることなくどれだけ職を重ねても、誰かにリスペクトされる視座を獲得することはできないからです。たとえば、3年ごとにさまざまに仕事を変えてきたアラフォーが、「俺は多くの仕事の本質を理解している」と言ったとしても、それを信じる人はいないでしょう。

古い体質、きついノルマ、耐えがたい人間関係に押しつぶされ、精神や体調を損なうくらいなら迷わず転職したほうがいいでしょう。しかし、まだやれるのであれば、いまの仕事に全力で取り組み、この仕事とはどういうものなのか、本質を見極める努力をしてみるべきです。辞めるのは、それからだって遅くはないのですから。

見えなくても、飛べ

現時点での自分の判断はあくまでも留保とする

いまの自分は成長後の自分が何を考えるかわからない

以前、同僚からこんな話を聞いたことがあります。

彼が部下に対し、「○○さんのところへなぜ訪問しないのか？」と聞いたところ、次のような返答があったそうです。

「それって、僕に何かメリットがあるんですか？」

なかなかの返答です。上司に向かってこう言い放つ度胸は買いますが、同僚はがっくりと肩を落としてしまったようです。「これは、これからの対話が大変だぞ」と、同僚は感じたとのことでした。

上司に向かって言う言葉ではない、という部分は小さな問題です。そんなことはどうでもいい。**問題なのは、彼の部下はこのままではまったく成長しないということです。**さていったい、この人物のどこが問題なのでしょうか。

人間という生き物は、基本的に成長していきます。わかりやすい部分では、身体の成長があるでしょう。小学生から中学生にかけて、身長が伸びていきます。そうすると、見える景色が少しずつ変わっていきます。気がつくと、親がずいぶん小さく見える。家へ帰る途中の道すがら見る家の塀が低く感じる。ふとしたときに、自分が大きくなった実感を得るのです。また、精神的にも成長します。少し痛かったり、お腹がすいたりしただけで赤ん坊はすぐに泣いてしまいますが、大きくなればそんなことはなくなります。人はいつまでも、身体的にも精神的にも赤ん坊のままではいられないのです。

成長すれば当然、考え方も変わります。小学生の頃の考え方と、社会人になってからの考え方はまるで違うはずです。知識が増え、世界の見え方も変わり、他人と関係しあう中で、人間としてより複雑になっていきます。シンプルな善悪二元論では処理しきれない現実を体感して、人は人間的な深みを獲得していくのかもしれません。

見えない先にこそ最高の未来がある

人は変化するものですが、なかには変化を受け入れず、いまの自分を完成品と誤認してしまう人がいます。いわゆる頑固な人といっていいでしょう。まぁ高齢者であればそれでもいいのかもしれませんが、若い人であるなら問題です。**まだまだ成長の過程にあるというのに、現在の自分の判断を信じすぎるのは大変に危険です。それを続けていくことは、いまの自分以上になれないことを意味します。**なぜなら、これは変化を拒否することと同じだからです。

冒頭の同僚の部下は、「それって、僕に何かメリットがあるんですか？（＝メリットないですよね）」と上司に言い放つほどに、若くして自分の判断に自信をもちすぎています。それではいまの自分のレベルが上限となり、これ以上成長できなくなってしまうのです。

人は日々、考え方、視点を変えていきます。当然、価値基準も変わらざるを得ないでしょう。自分のいまの考えと、未来の自分の考えが相違する公算は高いのですから、現時点の分析を鵜呑みにするのは明らかに間違っている、というより、もはや危険です。

たしかに、何かを決定するときは根拠があったほうがいいですし、根拠は過去から現在までのデータに基づいて導き出すものですから、いまの自分の考えをもとにして評価するのはふつうかもしれません。しかし、**その判断には留保をつけるべきです。**あくまで暫定的とする。そんな慎重さが必要です。そうでないと、いつまで経っても同じレベルでの思考になってしまいます。

２００ページのところで書いたように、自分を鍛え、成長させるには「いまはこれが何の意味があるか、何の価値をもたらすかはわからないけど、なんだかよさそうなので未来を信じて努力してみる」という姿勢が必要です。

つまり**成長をするための絶対条件は「見えなくても飛ぶ」**ことなのです。

安全が確保されている、成果が約束されている、到達点が明示されている。そういう状況でのトライはたいして成長につながりません。それは敷かれたレールをたどっているだけにすぎず、何の発展性もないからです。**成長とは、不確定な未来を凝視したうえで「この先はきっと愉快だ」と信じて歩みを止めなかった者にこそ与えられる褒章です。**

見えなくても、自分の直感と知識と能力を信じて飛ぶ者にだけ、運命の女神は微笑むのです。

人生はわからないものですが、想像可能な範囲で生きていればある程度は予想がつくかもしれません。しかし、そこには成長はありません。その時点の自分の価値観や思考水準を固定してしまうからです。ある時点から、まったく成長しない人生。そんな人生は、あなただって望んでいないはずです。

賢いフリをして自分を固定するのはやめましょう。

過去といまの自分を愛しすぎるよりも、未知の自分を信じて答えを保留し、ダイブしたほうがよほど楽しい。

成長する人は未来を予断しません。未知を無邪気に信じるのです。
さぁ、あなたはこれから、どうしますか？

コラム③ 金融機関からの転職の話

ほかの会社と同じように、金融機関でも毎年退職者が出ます。近年では若手社員の退職が目立ってきたような気がしますが、まぁ売り手市場ですし、古い体質の金融機関でこの先働いていきたくないという気持ちもわからないではありません。一方で、アラフォー以降の社員も退職していきます。こちらは、家庭の事情や出世に関する見切り、精神の不調など、年齢からして重い決断である雰囲気を醸し出しています。

ここでは金融機関の転職についてお話ししたいと思います。

①転職先は「攻め」の会計事務所・コンサル会社か「守り」の公務員に分かれがち

私の観測範囲で恐縮なのですが、金融機関からの転職先は、「会計事務所」「コンサルティング会社」「公務員」が多いと思われます。

一般的に金融機関は数字に強いと思われていますから、会計事務所・税理士事務所との相性がよいと考えられています。企業の財務について明るいこともあるでしょう。実際に、私の会社でも何人も会計事務所へ転職していきました。また、近年では、企業数が減少していることから会計事務所もただ顧問先の会計処理や決算処理をしているだけでは先細りになってきています。ですので、顧問先の補助金申請支援や、相続対策、事業承継・M&A支援を行い、手数料収入を上げようとする動きがあります。

その際に、それらの業務の経験や人脈がある金融機関の人間は重宝されています。会計事務所としては、ただの事務屋としてより、攻めるための人材として金融機関の人間をほしがるのでしょう。また、地域金融機関であれば、地元の企業に精通していることも価値を上げています。

次にコンサルティング会社ですが、これは地銀出身者が多い気がします。私がこれまでにお会いした大手コンサル会社の社員のほとんどが地銀出身でした。不思議なことにメガバンク出身者にはひとりも会ったことがありません（たまたまかもしれませんが）。彼らに転職理由を聞いてみると、いちばん多いのが収入面でした。話を聞くと、歩合制の会社が多く、頑張ればもとの金融機関よりも年収は上がるようです。また、くだらない金融機関の内向きの世界から脱出し、利益に向かって爆進できるのも魅力なのかもしれません。

しかし、コンサル会社はかなりハードです。ほとんどの人が「休日という概念はありません」と言っていました。また、夜だろうがなんだろうが顧客から電話がかかってくるようです。彼らは、もちろんそういったことは承知のうえで転職している猛者《もさ》ですから、一様に溌剌《はつらつ》とした雰囲気をまとっています。

会計事務所もコンサル会社も、転職する当人としては「攻め」の姿勢で向かっているように感じます。それを証明するかのように、それらの業種に転職する人は「仕事ができる人」が多かったように思います。彼らは、金融機関特有の束縛に我慢できなかったのかもしれません。

そして、公務員を目指す社員もいます。これは採用条件に年齢制限もあることから、若い社員に多く見られる傾向です。これもまた私の観測範囲内の話なのですが、公務員を目指す社員は、仕事がそこまでできる社員ではない場合がほとんどです。

金融機関はノルマの世界ですから、勤務している間はノルマから逃げることができませんし、終わりもありません。ノルマがある、ということは競争があるということなので、競争において勝利することをアイデンティティとしている人物以外は、苦行以外の何ものでもありません。

金融サービスを通じて顧客を、そして地域を幸せにするという崇高なミッションは、終わりのないノルマ地獄の前では何の慰めにもならないのです。ですので、ノルマ競争に身を捧げきれない社員は当然ノルマがない仕事を求めるようになります。そうなると、条件面からしても公務員は最高の選択肢となるのです。これは完全に「守り」の転職です。

金融機関という窮屈な箱から脱出して、自分の命を燃やしきるための「攻め」の転職と、生き馬の目を抜くような競争から自分を隔離するための箱を求める「守り」の転職。金融機関からの転職はそのふたつに分かれがちなのです。

②転職先は決まりやすい

これはとくに地方の田舎における話ですが、金融機関からの転職はすぐに決まります。いままで転職先が決まらなかった人を見たことがありません。それも、地域において待遇がよいといわれている企業に決まります。

地方は人口減に悩んでいますが、とくに深刻なのが優秀な若い人材の流出です。地方の田舎にはハイレベルの大学がほぼないため、優秀な子どもはどんどん地域外へ進学していきます。また、田舎には大きな企業もないため、大学で学んだ人材が存分に活躍できる場もないのです。よって、田舎の優秀な人材は大学卒業後、都市部に留まることになり、田舎には「そうではない」人材が残っていくことになります。田舎の中小企業の経営者にはご同意いただけると思いますが、都市部の大企業から見たら信じられないレベルの社員がゴロゴロいるのが田舎の会社です。聡明な人物は都市部に吸収されるということは、そういう事態を引き起こします。

そんななかで、金融機関はほとんどが大卒で、職種上、一般常識や応対や組織論などを叩きこまれていると目されていますから、田舎においては非常にレベルの高い、安心できる人材の宝庫とみなされています。ですから「元金融機関勤め」という肩書きは田舎においてとても有利に働くのです。経営者にとって人件費は固定費であり、労働基準法によって簡単に解雇できないことから、採用に対して慎重になります。そこに「元金融機関勤め」の肩書きをぶら下げた人物が現れるのは、無視できないチャンスなのです。とりあえず、人物的に問題はない。それがどれだけありがたいことか。田舎であればあるほど、金融機関の人間の転職は決まりやすいと思います。

金融機関に勤務していると、つい金融業を嫌いになりがちです。社会からの期待と向けられる目は厳しいものがありますし、ノルマは重く、業界自体が最先端とは言いがたいのですから無理もありません。しかし、それだけに金融機関にそれなりの期間勤務してきたという事実は、あなたの信用力を上げてくれます。そして、転職先の選択肢も増えることでしょう。我慢して勤務することで、人生の選択肢を広げられる可能性は十分にあるのです。

「お金に携わり、厳しい環境で仕込まれた人物」は、多くの業種で重宝される可能性があります。身につけたスキルは特殊であり、汎用性は低いかもしれませんが、身体化された基礎スペックには十分ニーズがあるのです。

おわりに

「自分の捉え方で、世界はいくらでも変わる」

それを示したいという一心で、この本をまとめました。いかがでしたでしょうか。

いまみなさんが少しでも前を向いて、本を読む前よりも晴れやかな気持ちでいてくださったら、こんなにうれしいことはありません。

私はふだんのｎｏｔｅの記事では、おもに「会社員として日々苦しさを感じている同年代」を仮想の読者として書いています。本書は対象をもう少し広げ、20代の若い社会人にも響くであろう内容を盛りこみました。金融機関に勤めている、少しでもたくさんの同志に本書が届いたら本望です。

つらい日々を変えるには、あなたが変わるしかありません。会社が変わるのを期待して口を開けて待っている姿は滑稽《こっけい》です。

変わりましょう。現状に不満があるのならば。昨日と同じ自分には、昨日と同じ明日しか来ないのですから。

私は現役の会社員ですので、この本はふだんの仕事と並行して制作しました。それだけでなく、毎週2本のｎｏｔｅ新作記事のアップ、週刊誌のネット版の記事作成、自分の会社の経営、セミナー講師も行うなど、かなり多忙な状況下で進めており、限界を感じることが多々ありました。

そんな環境下にあっても、最後までやりきることができたのは、編集者様からのご指導です。文章を書くことを学んできていない自分にとって、細かく添削された原稿は知見の山に見えました。本来なら有料で提供されるレベルの指導を、仕事の中で受けられる。これほどの機会を逃すわけにはいかない。その「欲」が、折れそうな気持ちを維持させてくれていたと思います。

はじめて書籍の執筆を行う私に、丁寧かつ寛容な姿勢でご指導いただき、余裕をもったスケジュールに調整してくださった中越咲子様には感謝の言葉もございません。本当にありがとうございました。

そして、忙しさにかまけてロクに家事などをしないにもかかわらず、一言も不満を漏らさなかった妻には、最大の謝辞を送ります。本当に申し訳ありませんでした。そして、本当にありがとう。

著者略歴

１９７６年、岐阜県に生まれる。金融機関勤務の本部現役課長。本業に勤しみながら「半径５ｍの見え方を変えるｎｏｔｅ作家」として執筆活動を行い、ＳＮＳで人気に。所属先金融機関では社員初の兼業許可をとりつけ、不動産投資の会社も経営している。日刊ＳＰＡ！デジタル版にて連載中。ｎｏｔｅの投稿以外に音声プラットフォーム「Ｖｏｉｃｙ」でも配信を開始。

Ｘ（旧Ｔｗｉｔｔｅｒ）：@nekoyamamanager

銀行《ぎんこう》マンの凄《すご》すぎる掟《おきて》
——クソ環境《かんきょう》サバイバル術《じゅつ》

二〇二三年一〇月六日　第一刷発行

著者　猫山課長《ねこやまかちょう》
発行者　古屋信吾
発行所　株式会社さくら舎　http://www.sakurasha.com
東京都千代田区富士見一-二-一一　〒一〇二-〇〇七一
電話　営業　〇三-五二一一-六五三三　ＦＡＸ　〇三-五二一一-六四八一
編集　〇三-五二一一-六四八〇
振替　〇〇一九〇-八-四〇二〇六〇

ブックデザイン　村橋雅之
イラスト　なんかの菌
印刷・製本　中央精版印刷株式会社

©2023 Nekoyama Kacho Printed in Japan

ISBN978-4-86581-401-9

本書の全部または一部の複写・複製・転訳載および磁気または光記録媒体への入力等を禁じます。これらの許諾については小社までご照会ください。

落丁本・乱丁本は購入書店名を明記のうえ、小社にお送りください。送料は小社負担にてお取り替えいたします。なお、この本の内容についてのお問い合わせは編集部あてにお願いいたします。

定価はカバーに表示してあります。

さくら舎の好評既刊

なんかの菌

水族館飼育員のキッカイな日常

文系大学院生が水族館飼育員に!?　エネルギーほとばしる飼育員たちの、生き物に愛と情熱を注ぐ非日常のような日常を綴ったコミックエッセイ！

1200円（＋税）

定価は変更することがあります。